COMMENT GOUVERNER AUTREMENT LA CÔTE D'IVOIRE ?

Études Africaines

Collection dirigée par Denis Pryen et François Manga Akoa

Dernières parutions

Jean-Pierre BODJOKO Lilembu, *Développement de la radio catholique en RDC*, 2010.

Auguste ILOKI, *Le droit des parcelles de terrain au Congo. Tome 1 : Droits fonciers coutumiers. Acquisition des parcelles de terrain*, 2010.

Abdoulay MFEWOU, *Migrations, dynamiques agricoles et problèmes fonciers*, 2010.

Maurice ABADIE, *Afrique centrale. La colonie du Niger*, 2010 (reprint de l'édition de 1927).

Michèle CROS et Julien BONDAZ (dir.), *Sur la piste du lion. Safaris ethnographiques entre images locales et imaginaire global*, 2010.

Apollinaire NTAMABYALIRO, *RWANDA, Pour une réconciliation, la miséricorde chrétienne. Une analyse historico-théologique du magistère épiscopal rwandais (1952-1962)*, 2010.

Élieth P. ÉYÉBIYI, *Gérer les déchets ménagers en Afrique. Le Bénin entre local et global*, 2010.

Zygmunt L. Ostrowski, *Soudan. Conflits autour des richesses*, 2010.

Clotaire MOUKEGNI-SIKA, *Production scientifique et pouvoir politique au Gabon. Esquisse d'une sociologie de la recherche universitaire*, 2010.

Innocent BIRUKA, *Sagesse rwandaise et culture de la paix*, 2010.

Mosamete SEKOLA, *Privatiser le secteur public en RDC ?*, 2010.

Jean-Pacifique BALAAMO-MOKELWA, *Les traités internationaux du Saint-Siège avec les États en Afrique (1885-2005)*, 2010.

Kathleen GYSSELS et Bénédicte LEDENT, *Présence africaine en Europe et au-delà*, 2010.

René N'Guettia KOUASSI

COMMENT GOUVERNER AUTREMENT LA CÔTE D'IVOIRE ?

Des suggestions nouvelles et concrètes pour soutenir la dynamique du développement de ce pays

La Commission de l'Union africaine n'entend donner aucune approbation ou improbation aux opinions émises dans cet ouvrage. Celles-ci doivent être considérées comme propres à leur auteur.

L'HARMATTAN

5-7, rue de l'École-Polytechnique ; 75005 Paris

http://www.librairieharmattan.com
diffusion.harmattan@wanadoo.fr
harmattan1@wanadoo.fr

ISBN : 978-2-296-13213-9
EAN : 9782296132139

A mon épouse N'Guettia Brigitte Tamea qui m'a toujours soutenu tant dans mon cursus universitaire que dans ma carrière professionnelle.

A ma fille Bettina N'Guettia,
la Princesse, la benjamine que toute la famille adore.

« Le progrès n'est que l'accomplissement des utopies. »
Oscar WILDE

« Le succès du développement n'exige pas seulement une vision et une stratégie ; il faut convertir les idées en projets et en politiques »
J.E. STIGLITZ, Prix Nobel d'Économie.

Les suggestions (elles ne sont pas exhaustives) contenues dans ce document ne constituent certes pas une recette de bon aloi, voire une panacée, mais elles ont le mérite de proposer des pistes dont l'exploration pourrait contribuer à trouver des solutions efficaces, dynamiques et durables aux nombreux problèmes qui assaillent la Côte d'Ivoire.

AVANT-PROPOS

Cet ouvrage[1] est inspiré par la crise politico-économique qu'a connue la Côte d'Ivoire de décembre 1999 à l'élection présidentielle du 31 octobre 2010. A l'occasion de ladite crise, tous les Ivoiriens qui ont un amour profond pour ce pays sont entrés en eux-mêmes pour non seulement s'interroger sur ses causes profondes, mais aussi pour suggérer soit des solutions de sortie de crise, soit des pistes de thérapie à explorer pour que à l'avenir ce genre de crise ne se reproduise plus. C'est donc à la faveur de cette effervescence de réflexions que la plupart des idées contenues dans ce livre se sont offertes à mon esprit. Je les ai ensuite soumises à discussion, lorsque j'en ai eu l'occasion, pour tester leur pertinence et leur robustesse quant aux effets potentiels qu'elles incarneraient si on les mettait en œuvre. Ces idées ne sont certes pas à l'abri de critiques et elles ne se targuent pas d'être exhaustives au regard des contraintes, voire des difficultés qui assaillent la Côte d'Ivoire, et auxquelles elle a l'obligation de trouver une thérapie efficace et durable pour soustraire ses populations à la pauvreté, à l'extrême pauvreté et à la misère. Ici, l'on doit retenir que nos richesses individuelles n'ont pas de sens, si elles sont entourées de milliers de pauvres et d'affamés. De la confrontation des idées jaillit la lumière, a-t-on coutume de dire. Cet ouvrage s'inscrit donc dans cette logique de confrontation d'idées afin de contribuer à placer solidement la Côte d'Ivoire, notre terre à tous, sur le chemin d'une croissance forte et continue, et d'un développement durable pour le bonheur et la prospérité de ses habitants.

Par ailleurs, il s'inspire profondément d'un document de réflexion que j'ai produit en 2008 et que j'ai mis à la disposition des partis politiques de la Côte d'Ivoire en mai

---

1 Il est le résultat de plusieurs années d'observations faites depuis l'éclatement de la crise politique, aux conséquences socio-économiques indescriptibles, qui a caractérisé la Côte d'Ivoire dans les années 2000.

de la même année. Ce document de réflexion était intitulé *Ma contribution à la recherche des solutions aux problèmes socio-économiques et politiques de la Côte d'Ivoire*.

En outre, ce livre s'inspire de l'ouvrage intitulé *Les Chemins du Développement de l'Afrique*, publié chez les Éditions l'Harmattan en 2008.

Avant tout, ce livre constitue pour moi un livre de conseils. En l'écrivant, je ne nourris aucune prétention de m'imposer en donneur de leçons, ni aux gouvernements d'hier, ni aux pouvoirs d'aujourd'hui, encore moins aux gouvernements de demain de notre pays.

J'exprime mes sincères remerciements et ma profonde gratitude à Mme Hirut Yirgu et à Mlle Fetun Getahun pour leur immense contribution à l'élaboration et à la finalisation du manuscrit de ce livre.

PRÉFACE

La Côte d'Ivoire a jusqu'aujourd'hui fait l'objet d'une pléthore d'ouvrages. Le présent ouvrage se distingue fondamentalement des autres par son originalité qui se fonde essentiellement sur des pistes à explorer, des solutions proposées et des projets à mettre en œuvre pour sortir la Côte d'Ivoire de l'ornière de la pauvreté et de la misère. Les problèmes qui assaillent notre pays n'y sont pas décrits. Toutefois, les voies suggérées les laissent entrevoir aisément.

En parcourant cet ouvrage, l'on se rend compte, à l'évidence, de la connaissance approfondie du pays par l'auteur, ainsi que de ses différents mécanismes de gestion. Par ailleurs, celui-ci montre sa maîtrise des difficultés et des défis de tout acabit qui caractérisent l'Afrique en général et la Côte d'Ivoire en particulier. Les solutions proposées sont clairement décrites et accessibles au commun des mortels qui peut facilement s'y retrouver tant elles touchent aux racines des maux de notre pays. Cet ouvrage se structure autour d'idées simples, pragmatiques qui émanent de toutes considérations idéologiques. Ces idées exprimées s'adressent, certes, à la Côte d'Ivoire, mais elles peuvent aussi inspirer les décideurs économiques et politiques de plusieurs pays africains. Je reste profondément convaincu que si les pistes identifiées par l'auteur étaient effectivement explorées et traduites dans la réalité par les administrations qui auront à se succéder à la tête de la Côte d'Ivoire, celles-ci pourraient contribuer à positionner solidement ce pays sur le sentier de la croissance et du développement durable.

Ces idées ne sont pas nouvelles, du moins pour certaines d'entre elles, d'autant qu'elles sont l'objet de conversations privées ayant eu lieu dans plusieurs milieux ivoiriens. Mais je reste persuadé que le temps est venu de les mettre en œuvre.

C'est donc avec une intime conviction que je recommande vivement la lecture de ce livre de conseils aux dirigeants actuels et potentiels de notre pays, aux enseignants et chercheurs, aux « corps habillé », aux médecins, aux élèves et étudiants, aux commerçants, aux élus politiques, … Je voudrais vivement remercier René N'Guettia Kouassi pour cette contribution si enrichissante et si originale au développement *lato sensu* de la Côte d'Ivoire.

Amara Essy

INTRODUCTION

Oui, la Côte d'Ivoire peut être gouvernée autrement pour le bonheur et le bien-être de ses nombreuses populations, à condition que les Ivoiriens le veulent et acceptent de s'investir totalement pour y parvenir ! Oui, une autre Côte d'Ivoire est possible par le biais d'une autre gestion, à condition que les Ivoiriens la désirent et acceptent de la bâtir en s'accordant sur une façon renouvelée de gouverner le pays.

Gouverner autrement la Côte d'Ivoire, c'est à mon humble avis identifier une nouvelle approche, fondée sur des vertus nouvelles enracinées dans l'éthique, voire la morale humaine. Aussi, cette nouvelle manière de gérer le pays doit-elle s'ancrer dans le développement de projets clairement définis, accessibles à la compréhension de tous, faciles à mettre en œuvre et susceptibles de produire une grande valeur ajoutée, voire un impact considérable en termes de création d'emplois, de distribution de revenu, de valorisation des matières premières dont regorge notre pays.

En outre, diriger autrement la Côte d'Ivoire, c'est confier la gestion de ce pays aux Ivoiriennes et aux Ivoiriens bien formés, bien éduqués, dotés d'une moralité insoupçonnable et qui ont un amour profond pour le pays ainsi que pour les tâches qui leur sont confiées. Ces femmes et ces hommes amoureux du pays et constamment soucieux de son développement ne se livrent jamais au choix entre leurs intérêts privés et le rayonnement de leur pays. Si une telle équation leur était posée, ils choisiraient toujours, sans l'ombre d'aucune hésitation, le sacrifice pour le pays. Ce type de femmes et d'hommes dotés de la culture du respect de la parole donnée, la Côte d'Ivoire en regorge. Gérer ce pays autrement équivaudrait donc à les identifier et à leur confier des responsabilités dans la mise en œuvre des projets et programmes, consensuellement définis, visant à assurer son développement.

Par ailleurs, administrer la Côte d'Ivoire autrement, c'est aussi dire non à la Côte d'Ivoire des clivages (clivages tribaux, ethniques, religieux, régionaux...), des partis politiques, des syndicats, des citadins et des ruraux... En revanche, c'est considérer la Côte d'Ivoire comme un pays où les Ivoiriens se côtoient dans leurs diversités et s'enrichissent de leur différence mutuelle. C'est également libérer le pays du diktat de la pensée unique et *de facto* libérer totalement l'expression de la pensée sous toutes ses formes.

Aujourd'hui, c'est un truisme de dire que la Côte d'Ivoire, sous la houlette de son premier président, feu Félix Houphouët Boigny, a connu près de quatre décennies de vie sociopolitique stable, paisible et prospère. Économiquement, ces quarante années de stabilité ont été marquées par une croissance économique remarquable qui a été à l'origine d'un développement sans précédent du capital physique et humain faisant de ce pays un modèle régional et même continental. Le modèle ivoirien fondé sur la philosophie de son chef charismatique a donné naissance au miracle ivoirien qui a fait de la Côte d'Ivoire le principal pôle d'attraction des populations africaines fuyant la pauvreté et la misère. L'hospitalité, le respect de l'être humain, le dialogue des cultures et des religions, la paix à l'intérieur comme à l'extérieur constituaient des leitmotive constants dans les déclarations officielles de son chef qui en faisait les principaux vecteurs de la politique intérieure et étrangère de la Côte d'Ivoire.

Toutefois, au début des années 90, période de l'effondrement du bloc de l'Est et de la domination quasi planétaire de l'économie de marché, la Côte d'Ivoire, à l'instar de la plupart des pays africains, connaît une relative instabilité sur les fronts économique, politique et social. Ce relatif désordre économico-socio-politique entraînant dans son sillage une crise structurelle majeure, a atteint son paroxysme avec le coup d'État militaire de décembre 1999 et la tentative de coup d'État du 19 septembre 2002 qui, en affectant considérablement le capital de confiance dont jouissait le pays, ont fini par l'installer dans la catégorie des pays à haut risque pour les principaux investisseurs étrangers. Depuis, le pays connaît une alternance démocratique dont les séquelles sont visibles aux visiteurs. Cette alternance née dans la douleur continue de diviser les Ivoiriens, tant dans leur esprit que dans leur comportement quotidien. Pour remédier à une telle situation, les autorités politiques ont organisé un forum de réconciliation nationale permettant à tous les Ivoiriens (ceux d'en haut, du milieu, comme ceux d'en bas) de s'écouter, de se pardonner et de repositionner durablement leur pays sur les sentiers de la croissance et du développement durable. Ces autorités ont-elles été entendues ? La réponse est négative d'autant plus qu'après la tenue de ce forum le désordre s'est poursuivi et s'est même amplifié dans le temps. La Côte d'Ivoire peine encore aujourd'hui à s'extraire d'une crise, déjà vieille de plusieurs années, qui l'a confinée dans le cul-de-sac de la pauvreté et de la misère. Les accords de Ouagadougou, conclus entre les principaux belligérants après une série d'accords infructueux, laissent entrevoir une sortie de crise, à condition que les principaux signataires favorisent leur mise en œuvre effective, débouchant sur des élections libres et transparentes et dont les résultats ne souffriront d'aucune contestation.

Depuis donc la fin de la guerre froide, plusieurs partis politiques opèrent sur le marché politique de la Côte d'Ivoire pour le contrôle de la vie politique de ce pays. C'est l'ère de l'éclosion des idées où chaque parti politique essaye d'élaborer le plus beau projet de société qui puisse attirer les suffrages des électeurs ivoiriens. Dans ces différents projets de société, les politiciens indiquent également de nouvelles approches de gouvernance, dans l'espoir que leur façon de gouverner le pays lui permette de s'émanciper des contraintes de développement du 21e siècle. C'est dans ce bouillonnement, voire dans cette effervescence de réflexions que je me propose d'écrire le présent ouvrage que je place sous le sceau de ma contribution à la recherche des voies optimales pouvant arrimer en permanence la Côte d'Ivoire à la locomotive de la bonne gouvernance économique et politique. Ces multiples projets de gouvernance, pour susciter la mobilisation voire l'intérêt des Ivoiriens, doivent sortir des sentiers battus et refléter le rêve, le vécu et l'environnement des populations. Car, dit-on le plus souvent, toute politique qui ne fait pas rêver est condamnée à mourir. Ce terrain du rêve, poursuit-on, doit être constamment occupé par les politiciens honnêtes, ayant une foi inébranlable en l'avenir de leur peuple, pour ne pas laisser les populistes l'occuper. C'est donc ce couplage permanent du rêve et du pragmatisme qui constitue l'inspiration profonde et la pierre angulaire de ce livre. Celui-ci ne constitue certes pas une panacée mais j'espère qu'il a le mérite de circonscrire les nombreux problèmes qui assaillent la Côte d'Ivoire. Il est structuré autour de plusieurs problématiques dont le dénouement contribuera certainement à améliorer profondément la bonne gouvernance économique et politique de la Côte d'Ivoire et à lui donner les moyens de relever les défis majeurs du 21e siècle. L'évocation des problèmes et les tentatives de réponses qui leur sont apportées constituent son atout majeur.

CHAPITRE I :

RÉHABILITER LE RÔLE DES POUVOIRS PUBLICS DANS L'ÉCONOMIE IVOIRIENNE

De nos jours, l'analyse économique dominante est l'économie de marché. Elle subit l'influence considérable des ultra-libéraux qui fourmillent dans les institutions financières internationales. Pour mémoire, il est à indiquer que l'économie de marché est disputée par deux grands courants de pensée : l'analyse libérale et l'analyse keynésienne, chacune d'elles connaissant en son sein ses propres dérivés.

De façon très austère, l'analyse libérale soutient que l'État n'a aucune raison, *a priori*, d'intervenir au sein d'un fonctionnement parfaitement concurrentiel et spontané de l'économie. Mais certains courants de pensée au sein de l'analyse libérale soutiennent que l'intervention de l'Etat peut se justifier dès lors qu'il s'agit de veiller au respect des règles de la stricte concurrence (législation antitrust par exemple) et de s'opposer à des conditions permanentes de monopole (par la nationalisation, s'il le faut). En ce sens, ils estiment qu'il faut réparer « l'erreur fondamentale qu'ont commise les premiers libéraux qui soutenaient que le régime de laisser-faire constituait un état économique optimum »[2].

Quant à l'approche keynésienne ou « interventionniste», elle soutient qu'il n'est pas question de laisser jouer seulement les mécanismes de marché pour atteindre les objectifs prioritaires. L'État doit intervenir, non pas en corrigeant les abus du « laisser-faire », mais plutôt en se considérant comme une institution autonome, représentant l'intérêt collectif, expression de la volonté générale de la

2 Cf. Morvan Y. (1991), Gelédan A. (1993, 1998).

société prise comme un tout… Dans cette optique keynésienne ou néo-keynésienne, où l'intervention de l'État n'est plus totalement « tabou », on justifie très bien la coexistence d'un secteur privé, soumis aux règles du schéma classique, et d'une économie publique en charge des grands objectifs d'intérêts généraux (plein-emploi, relance, …). Elle doit avoir pour objet d'élaborer des projets qu'elle seule peut mener à bien, de mettre en place des pôles susceptibles d'entraîner tout le reste de l'économie, d'assurer les risques et les charges que le secteur privé laisse de côté, de favoriser les conditions de l'accumulation, en limitant les aléas de la dévalorisation[3].

L'importance de ce survol de l'analyse économique réside dans ce qu'elle lève le voile sur le cadre théorique dans lequel l'État doit inscrire ses actions. Ceci est d'autant plus important que, de nos jours, les institutions financières internationales, sous prétexte d'aider les pays en voie de développement à s'extraire de la pauvreté, leur imposent des politiques économiques aux allures ultra-libérales. Par conséquent, depuis le début des années 80, période à partir de laquelle les programmes d'ajustement structurel (PAS) se sont multipliés en Afrique sous les auspices des institutions de Bretton-Woods, l'on y assiste à un dépérissement de l'interventionnisme des pouvoirs publics dans les secteurs marchands de l'économie. Et pourtant, le secteur privé auquel la théorie dominante (celle de l'économie de marché) attribue la régulation des activités économiques n'arrive toujours pas à se substituer parfaitement à l'État, et pour cause. Le secteur privé africain se trouve encore dans un état embryonnaire. Et dans les pays où il s'est un peu développé, il s'est confiné dans la périphérie du secteur secondaire où les activités produisent une faible valeur ajoutée dans l'économique nationale. De même, le privé étranger qui est

3 Cf. Morvan Y. *op cit.*

supposé pallier la faiblesse du privé local se limite, à son tour, à des activités d'extraction dans lesquelles le risque est moindre, ce qui, *de facto*, produit généralement un impact insignifiant sur l'économie des pays qui l'accueillent. Finalement, tout montre que la situation économique, dans la plupart des pays africains qui ont accepté *nolens volens* d'appliquer la thérapie de la Banque mondiale et du Fonds Monétaire International (FMI) à travers des Programmes d'Ajustement Structurel (PAS) successifs et variés, s'est profondément dégradée depuis les années 80.

La persistance du sous-développement et, par conséquent, de la pauvreté et de la misère dans les pays africains dont les économies sont régulées selon les principes sacro-saints de l'économie de marché achève de renforcer l'idée qu'il s'avère extrêmement urgent de réhabiliter le rôle de l'État tel qu'il est décrit par l'analyse keynésienne. Toutes les propositions contenues dans les développements qui vont suivre doivent, à mes yeux, trouver leur ancrage dans le cadre de l'interventionnisme keynésien.

Les solutions vigoureuses prises par le G20 pour remédier efficacement à la crise économique et financière systémique contemporaine survenue en 2007 renforcent la pertinence et la justesse de ma préférence pour l'approche keynésienne du développement de la Côte d'Ivoire. Ainsi, en Europe, le non-respect du critère de stabilité par rapport au déficit budgétaire (3% du PIB) a été toléré et même généralisé. L'accentuation des déficits budgétaires a été privilégiée (en Europe comme aux États-unis) pour endiguer la crise et relancer l'économie. La réhabilitation de la régulation économique du fait de la crise économique et financière a redonné à l'approche keynésienne toutes ses lettres de noblesse. Tout l'Occident en a fait son cheval de bataille privilégié dans son plan de sortie de crise, et pour inventer un nouveau paradigme économique et financier. Dans ce nouvel élan, des milliards de dollars ont été injectés dans les systèmes bancaires américain et européen pour extirper l'économie mondiale de la récession.

J'encourage donc la revalorisation des pouvoirs publics dont les actions volontaristes dans des secteurs stratégiques de la vie économique et sociale du pays, le rôle d'encadrement et d'orientation dans les autres secteurs, le développement des incitations variées et diverses à la production s'avèrent extrêmement importantes, voire incontournables pour insuffler une dynamique nouvelle à la gouvernance de la Côte d'Ivoire.

Selon Stiglitz[4], l'idée selon laquelle le développement des Etats-Unis a été l'œuvre d'un capitalisme laissé à lui-même est fausse. Aujourd'hui encore, l'État américain joue, par exemple, un rôle crucial en matière financière. Il fournit ou garantit un important pourcentage du crédit par divers programmes : prêts immobiliers, prêts aux étudiants, à l'impact-export, aux coopératives, aux petites entreprises. Non seulement il règlemente l'activité économique et garantit les dépôts, mais il s'efforce aussi de garantir que le crédit soit accessible aux catégories de la population mal desservies. Si l'essor économique des Etats-Unis a eu lieu, c'est en partie grâce au rôle qu'a joué l'État pour soutenir le développement, réglementer les marchés et assurer les services sociaux de base.

Reconnaissant donc le rôle actif de l'État aussi bien pour promouvoir le développement que pour protéger les pauvres, l'auteur ajoute « …même les partisans du libre marché reconnaissent que l'un des problèmes en Afrique est le manque d'État ».

La transformation économique fantastique qu'a connue le Japon entre 1953 et 1973 est une autre illustration de l'importance du rôle de l'Etat. En l'espace de deux décennies, le Japon, un pays essentiellement agricole, devint le plus grand exportateur d'acier et d'automobiles du

4 STIGLITZ J. E. (2006)

monde[5]. Pour l'auteur, un des éléments prétendument supérieurs du système japonais découlait de l'impulsion donnée par l'État.

Toujours, selon P. Krugman, «le résultat de ce système, donnait un pays capable de se projeter dans le long terme. Le gouvernement avait ciblé une à une toutes les industries « stratégiques », celles qui pouvaient servir de moteur à la croissance. Le secteur privé était orienté vers ces industries, aidé en cela par une période initiale de protection vis-à-vis de la concurrence étrangère, au cours de laquelle ces entreprises pouvaient perfectionner leurs techniques sur le marché intérieur. » Le succès nippon était donc caractérisé par une relation intime entre le gouvernement et le monde des affaires.[6]

Les développements qui vont suivre traduisent ma profonde conviction quant au rôle économique de l'État en Côte d'Ivoire dans des secteurs variés.

Renationaliser la caisse de stabilisation

La Caisse de stabilisation a toujours été le moteur de l'économie ivoirienne grâce à sa part dans le PIB, et avec le volume d'emploi qu'elle procure aux populations. Le premier président de la Côte d'Ivoire moderne en avait fait le cheval de bataille de sa politique de croissance et de développement. Ainsi, avec une politique de prix incitative, un encadrement efficace à travers les structures des sociétés d'État, une politique de commercialisation adaptée, une politique de crédit agricole et tant d'autres éléments incitatifs comme la coupe nationale du progrès, la création de coopératives villageoises, la distribution à coût réduit

---

[5] P. KRUGMAN (2009), Nobel d'Economie 2008.

[6] Selon KRUGMAN, c'est plus tard que les caractéristiques de la réussite Nippone ont été étiquetées comme « capitalisme de connivence » et considérées comme la source du malaise économique de ce pays.

des produits phytosanitaires..., l'agriculture ivoirienne, dans son versant exportateur, a été l'une des plus performantes du continent africain. Au cœur donc de la politique de développement de la Côte d'Ivoire, se trouvait un important organisme d'Etat : la Caisse de stabilisation. Grâce à la philosophie qui la fonde et à ses mécanismes de fonctionnement, elle a été, au plan local, le principal pourvoyeur de fonds au budget spécial d'investissement et d'équipement (le BSIE) qui a favorisé le développement de l'essentiel du capital physique et humain qui a fait pendant longtemps la fierté des Ivoiriens. Qui plus est, la garantie des prix aux producteurs et le ramassage des produits depuis le bord des champs que pratiquait la Caisse de stabilisation ont non seulement mis les paysans ivoiriens à l'abri de la cupidité des intermédiaires-acheteurs, mais aussi ont été à l'origine d'une relative prospérité dans les zones rurales. La Caisse de stabilisation a été un instrument majeur qui a permis de donner vie et espoir aux villages de Côte d'Ivoire. Elle a donc matérialisé, voire instrumentalisé l'action de l'Etat dans le développement économique et social de ce pays.

Qu'en est-il aujourd'hui? A la requête pressante des experts des institutions de Bretton Woods, ceux que Joseph E. Stiglitz appelle volontiers les bolcheviques du libéralisme (les extrémistes du libéralisme), les activités entreprises par la Caisse de stabilisation ont été privatisées. Comme corollaire, la pauvreté[7] s'est généralisée dans les campagnes ivoiriennes et, lorsque les cours mondiaux du café et du cacao augmentent, les intermédiaires-acheteurs s'enrichissent au détriment des paysans producteurs. C'est donc l'effet contraire de la privatisation voulue et imposée par le FMI et

7 Selon les définitions de la Banque Mondiale, on est en situation de pauvreté lorsqu'on vit avec moins de deux dollars par jour, et dans l'extrême pauvreté ou la pauvreté absolue quand on vit avec moins d'un dollar par jour.

la Banque mondiale qui se produit dans les campagnes ivoiriennes. D'une part, la pauvreté qu'une telle politique prétend réduire s'est accrue dans les zones rurales. D'autre part, l'État se prive de moyens financiers colossaux pour développer les activités qui relèvent du monopole naturel. Le Rapport de Global WITNESS (juin 2007) intitulé « Chocolat Chaud : Comment le cacao a alimenté le conflit en Côte d'Ivoire » a confirmé cet effet inverse. Je souscris totalement à cette conclusion. La réhabilitation de la Caisse de stabilisation s'avère donc urgente et déterminante pour soutenir l'action de l'État dans l'épanouissement économique et social de notre pays et pour endiguer la progression de la pauvreté dans les zones rurales. C'est une opération qui est du domaine du possible à condition que le dossier soit bien ficelé et que l'on parvienne à convaincre les institutions financières internationales de sa nécessité, de son importance et de son impact réel sur le développement de la Côte d'Ivoire. Le retour de la Caisse de stabilisation sous le contrôle de l'État mérite donc d'être inscrit comme un élément essentiel de la stratégie de reconstruction de la Côte d'Ivoire. Dans le sillage d'une telle politique, il convient naturellement de réhabiliter tous les éléments constitutifs de la structure des incitations à la production énumérés plus haut. Particulièrement, un accent doit être mis sur la réorganisation de la Coupe nationale du progrès qui constitue, à mes yeux, un véritable instrument d'une saine compétition entre les paysans. Au passage, je souhaiterais même que ce type de compétition soit étendu à tous les autres secteurs d'activité. Somme toute, la nouvelle politique agricole que doivent initier les autorités ivoiriennes doit viser, à terme, l'avènement de véritables entreprises agricoles en Côte d'Ivoire. Toutefois, il reste entendu que l'agriculture ne peut jouer pleinement le rôle qui est le sien dans le développement du pays que si elle bénéficie, en aval, du soutien d'un secteur secondaire relativement développé.

Sortir la Côte d'Ivoire de la situation de pays à vocation uniquement agricole

Pour les analystes[8] de l'économie industrielle, les pays qui ont la croissance globale la plus rapide sont ceux qui ont connu la croissance de leur industrie la plus forte. Ils justifient cette relation entre l'industrie et la croissance à travers trois arguments :

i) de toutes les activités, c'est l'industrie dont le taux de croissance de la valeur ajoutée présente la corrélation la plus forte avec celui de l'ensemble de l'économie ;
ii) c'est au sein de l'industrie qu'on observe le mieux combien la variation de la productivité est fonction croissante du taux de variation de la production (surtout en ce qui concerne les biens d'équipement) ;
iii) l'industrie est l'activité qui « tire » le plus l'ensemble du système, par l'ampleur de ses commandes, l'importance de ses ventes, le montant de ses salaires, ainsi que par son influence sur toute l'organisation de la société.

L'industrialisation de la Côte d'Ivoire doit donc constituer une priorité de l'action de l'Etat. Comparativement aux autres pays de la sous-région, la Côte d'Ivoire connaît un paysage industriel relativement fourni. Toutefois, l'industrialisation de ce pays reste encore confinée dans l'import-substitution ancré dans la première phase dite « phase facile du processus d'industrialisation». Selon les spécialistes[9], cette phase porte sur les industries de consommation courante (produits alimentaires, boissons, textiles, habillement, chaussures, …) visant exclusivement le marché local. Pour mémoire, il convient de souligner

8 Cf. Morvan Y. *op cit.*
9 Cf. Kouassi N.R. (1995, 2008).

qu'après la « phase facile », tout pays qui pratique l'import-substitution jouit de deux options : soit il adopte la voie de l'industrialisation pour la promotion des exportations, comme l'ont fait les pays d'Asie de l'Est ou du Sud-Est, soit il s'oriente vers la deuxième phase de substitution aux importations en privilégiant le développement des industries intermédiaires de biens d'équipement et de biens de consommation durables où l'intensité capitalistique et l'échelle de production sont plus importantes.

A la lumière de ce qui précède, il apparaît extrêmement urgent que l'import-substitution en Côte d'Ivoire sorte de la « phase facile » pour négocier avec succès les deux options décrites ci-dessus. Et la Côte d'Ivoire, à l'instar des pays d'Asie et d'Amérique latine, a des potentialités naturelles, économiques et humaines pour réussir dans une telle opération. Particulièrement, elle peut y parvenir en s'appuyant réellement sur le développement de son agro-industrie. Ce pays ne peut pas (cela n'est pas son intérêt) continuellement être exportateur net de produits agricoles non transformés. Depuis des décennies, il est le premier producteur mondial de cacao. Ceci constitue, à mes yeux, une opportunité considérable d'accumulation ou de croissance. Mais jusque-là, plus de 80% de ce produit sont annuellement exportés à l'état brut pour être transformés dans les usines européennes, américaines ou asiatiques. Et on ne le dira jamais assez, une telle pratique prive la Côte d'Ivoire d'une valeur ajoutée importante en termes d'emplois, de revenus, de profits…. J'ai la ferme conviction que cette tendance peut être inversée, pour permettre à la Côte d'Ivoire d'être présente à la fois sur le marché international du cacao et sur celui des produits industriels qui sont dérivés du cacao. Des « contrats intelligents » fondés sur l'avènement des joint-ventures avec les grandes firmes multinationales productrices de chocolat et autres peuvent énormément contribuer à atteindre cet objectif majeur[10]. Ici l'action étatique est fondamentale. « Si les Etats d'Asie ont concentré leurs efforts sur une croissance tirée par les exportations, ils ont aussi, au début de leur développement, limité les importations qui risquaient de compromettre l'industrie et l'agriculture… « Même ceux qui ont fait venir les étrangers ont veillé à ce que les firmes invitées transfèrent la technologie et forment la main-d'œuvre locale, si bien qu'elles ont contribué à l'effort de développement du pays »[11]. En l'absence d'un secteur privé ivoirien capable d'initier de telles activités, l'Etat de Côte d'Ivoire doit être à l'origine de la création d'une grande unité de fabrication de chocolat et autres produits dérivés. L'avantage comparatif en termes de coût de production ou de dotation en facteurs de production est du côté de ce pays pour entreprendre une telle opération. Il est du devoir des générations présentes de lancer la Côte d'Ivoire dans la transformation de ses produits agricoles. Si cela n'était pas fait, les générations futures ne le leur pardonneraient pas. Le cacao ivoirien est d'une qualité exceptionnelle et c'est aux Ivoiriens qu'il appartient de créer le label et d'en faire la publicité à travers le monde. Car les autres ne le feront jamais à leur place. Ce qui est valable pour le cacao l'est aussi pour d'autres produits agricoles, notamment l'ananas. L'exemple du café colombien doit à cet égard être un modèle.

Au total, le positionnement de la Côte d'Ivoire comme pays exportateur de produits agro-industriels constitue une priorité. L'Etat doit donc en tenir compte dans ses programmes de développement économique et social.

---

10 Pour plus d'information, voir : Kouassi N.R. (1995) *ibid.*

11 Stiglitz J.E. (2006), *op cit.*

Les Ivoiriens doivent être au cœur du développement du tertiaire

Toutes choses étant égales par ailleurs, dans un pays où le développement économique commande les relations intersectorielles, le secteur tertiaire devient, en fin de compte, le plus gros pourvoyeur d'emplois. L'exemple des pays développés est, à cet égard, assez significatif. En Côte d'Ivoire, le secteur tertiaire, dans son versant informel, constitue un véritable mammouth qui échappe au contrôle des Ivoiriens. Ici donc, mes analyses porteront délibérément sur le secteur informel sans toutefois ignorer que des actions courageuses méritent d'être entreprises dans le secteur formel, voire officiel dans le tertiaire ivoirien. Le secteur informel, c'est-à-dire celui qui échappe aux statistiques de la comptabilité nationale, est, en Côte d'Ivoire, à plus de 80% dominé et contrôlé par des non-Ivoiriens. Cet abcès mérite d'être crevé sans que le pays ne soit taxé de protectionnisme, ni ne tombe dans l'intolérance et l'inhospitalité. Ici, réside donc l'originalité de mes propositions. Elles se fondent sur une réalité évidente qu'un pays, quel que soit son niveau de développement, ne peut pas exposer tous ses secteurs d'activité à la compétition internationale. Le faire sans prendre de précautions, c'est risquer d'étouffer, entre autres, le génie créateur, voire la mémoire technologique des nationaux. Autrement dit, c'est priver le pays d'un gisement considérable d'emplois et, *de facto*, installer un pan important de la jeunesse dans le chômage. La controverse, en France, autour du « Plombier Polonais » qui priverait ses homologues français de travail en constitue une illustration assez édifiante.

Réserver les petits métiers aux nationaux

Au moment où il est d'une impérieuse nécessité de bâtir l'Union africaine avec comme piliers incontournables les Communautés économiques régionales, les politiques protectionnistes et toutes les tentatives d'exclusion des étrangers sont vite regardées comme des mesures anti-progrès et même xénophobes. Or, si une dose protectionniste n'est pas insufflée à l'informel ivoirien, le caractère attractif de la Côte d'Ivoire fera que ce secteur d'activité échappera (si ce n'est déjà fait) aux Ivoiriens. Les petits métiers, tous secteurs d'activités confondus, constituent un gisement inépuisable d'emplois. Dans un pays en développement comme la Côte d'Ivoire, ces petits métiers peuvent significativement contribuer à la résorption du chômage. Dès lors, ils méritent l'attention des décideurs politiques dans les projets de société qu'ils soumettent au suffrage des électeurs. Par conséquent, je propose la thérapie qui va suivre.

Il est extrêmement urgent de fixer, en Côte d'Ivoire, un seuil minimum en deçà duquel tout investissement fait par un étranger doit être refusé. En d'autres termes, l'on doit fixer un montant minimum d'investissement qu'un non Ivoirien doit apporter avant d'avoir le droit d'opérer dans un secteur donné. Autrement dit, si le coût total de son investissement n'atteint pas le montant minimum fixé (que j'appelle le seuil minimum), son offre devrait être poliment refusée. L'intérêt d'une telle mesure réside dans le fait qu'elle ne présente aucune allure d'économie fermée et qu'elle ne constitue pas une politique discriminatoire à l'égard des non Ivoiriens, voire des étrangers. En revanche, une telle mesure revêt l'avantage de réserver toutes les activités dont le coût d'investissement se situerait en deçà du seuil minimum aux nationaux et, *de facto*, de remédier partiellement au chômage en Côte d'Ivoire. Ce seuil minimum d'investissement, je propose qu'il soit fixé à

500.000.000 F CFA (Cinq cents millions de francs CFA). A mon avis, il faut fixer un montant susceptible de produire un impact dissuasif sur les candidats à l'investissement dans les secteurs d'activité devant être réservés aux nationaux. On peut aussi retenir que ce seuil soit variable selon les secteurs d'activités, les filières d'activité ou selon la structure du marché (c'est-à-dire le nombre de firmes opérant dans ces secteurs ou dans les filières) de ces secteurs ou filières. Toutefois, lorsqu'un étranger décide d'opérer en deçà des seuils minima, l'obligation doit lui être faite de s'associer à un Ivoirien ou à des Ivoiriens. Cette obligation doit être matérialisée par une loi. Déjà, dans certains pays africains, particulièrement en Algérie, une législation oblige les investisseurs étrangers à ouvrir ou à céder un pourcentage de leurs capitaux sociaux aux partenaires algériens.

Je note que la politique du seuil minimum d'investissement doit avoir un effet rétroactif si l'on veut qu'elle soit efficace. Ainsi, je recommande que toutes les activités contrôlées actuellement par les étrangers soient évaluées (en tenant compte de la dépréciation du capital) afin de comparer les investissements initiaux au seuil minimum retenu. Les investisseurs qui n'obéiraient pas à ce critère seraient invités à cesser leurs activités. Mais au cas où ils souhaiteraient poursuivre celles-ci, ils seraient invités à soumettre un dossier remplissant tous les critères exigés.

Que faire de l'espace où les étrangers auraient cessé leurs activités ? Ici, les fonds sociaux distribués aux détenteurs de micro-projets trouveraient tout leur sens. Les Ivoiriens bénéficiaires de tels fonds pourraient investir dans les petites activités ou petits métiers où ils ne rencontreraient pas la concurrence déloyale des non Ivoiriens. Cette politique pourrait également gagner en efficacité si l'État accepterait de créer, en faveur des jeunes, de petites entreprises clés en mains. La gestion de ces dernières permettrait à ces jeunes de rembourser à l'État les fonds qui auraient servi à la création de ces entreprises et d'en devenir, à terme, les propriétaires. Dans cette perspective, l'État pourrait par exemple créer des unités d'ateliers de couture, une unité comprenant 10 à 20 jeunes couturiers. Chaque unité pourrait vendre des tissus, satisfaire aux besoins individuels des consommateurs et produire de façon industrielle pour l'exportation. Chaque unité serait dotée d'une comptabilité, d'un compte bancaire, d'un manager et chacun des travailleurs bénéficierait d'un salaire.

La démarche ci-dessus décrite (elle reste encore perfectible) pourrait s'appliquer aux activités comme la boucherie, la vente des fruits et légumes, la vente de planches de bois, de charbon, la mécanique-auto, la vente de pièces détachées, de matériaux de construction, des produits vivriers locaux, de riz, de produits artisanaux, la bijouterie… Bien entendu, ces projets pourraient connaître des variantes selon la nature de l'activité sur laquelle ils porteraient. Les pouvoirs publics, sous l'impulsion de l'État central ont le devoir historique d'aider les nationaux à accéder aux des activités susmentionnées qui constituent l'angle par lequel les Ivoiriens maîtriseront les fondements de la dynamique du développement de leur pays et à les contrôler. On peut appeler cela le « nationalisme économique ». Tous les pays actuellement développés sont passés par là et s'y accrochent encore. Il en est de même pour la quasi-totalité des pays africains où les marchés de ces activités sont pleinement occupés et contrôlés par les nationaux. On a là l'exemple des chauffeurs de taxi dans la plupart des pays de l'Union Économique et Monétaire Ouest-Africaine (UEMOA), exception faite, bien entendu, de la Côte d'Ivoire. Cela n'a rien à voir avec le protectionnisme ou la xénophobie, mais relève plutôt du devoir, voire de l'obligation historique de l'État de créer ou de trouver de l'emploi pour sa jeunesse.

Créer une banque pour les petits épargnants

Cette institution bancaire est indispensable pour soutenir la mise en œuvre de la politique déjà évoquée. Elle se distinguera des structures bancaires déjà en place par la faiblesse du dépôt initial pour l'ouverture d'un compte courant ou d'un compte d'épargne, la simplification des procédures de retrait et de dépôt, la distribution de petits crédits à très faible taux d'intérêt ou à taux d'intérêt nul et par sa présence auprès des petits épargnants ou des demandeurs de micro-crédits où qu'ils se trouvent.

Initier des projets socio-économiques novateurs et créateurs d'emploi

Ici, je propose les éléments suivants : la création d'un fonds pour le développement régional et de zones de transit autour des grandes villes, la réforme du système des cartes de séjour, la vulgarisation dans tous les villages de ce que j'appelle « Le Groupement villageois d'intérêt économique », la création d'une Banque pour la promotion des PME, la contribution au développement des infrastructures collectives, le Forum des Retraités de Côte d'Ivoire, le Fonds Ivoirien des Hydrocarbures et des Mines, le Bureau Ivoirien de la Diaspora et la réhabilitation des infrastructures touristiques.

a) Mettre en place un Fonds pour le développement régional (FODER)

Ce fonds viendrait en appui à la politique actuelle de décentralisation qui a été politiquement sanctionnée par l'élection des conseillers régionaux. Son originalité tient à son système de financement, à ses mécanismes de répartition entre les régions et à son mode de gestion.

Comment provisionner un tel fonds

Je propose que les fonctionnaires, les travailleurs du secteur privé, et l'État en soient les principaux pourvoyeurs et qu'un prélèvement obligatoire mensuel de 1% (ce taux peut être revu à la hausse comme à la baisse) soit retenu sur les salaires de tous les nationaux travaillant dans les secteurs public et privé. Ce prélèvement salarial serait déposé sur un compte bancaire ouvert à cette fin. Si à la fin de l'année, le prélèvement cumulé s'élevait à 10 milliards de F CFA (c'est un exemple), je proposerais alors que l'Etat y contribue de moitié, c'est-à-dire que dans l'exemple retenu il ajoute 5 milliards de F CFA (soit 50%) au prélèvement opéré sur les salariés. Par an donc, le prélèvement obligatoire s'élèverait à 15 milliards de F CFA, dans l'exemple retenu. Par ailleurs, le FODER pourrait être alimenté par une Taxe sur la valeur ajoutée (TVA) populaire ou de solidarité levée sur un panier de produits de grande consommation. Ici, le taux applicable doit être discriminatoire pour tenir compte du niveau des salaires ou du pouvoir d'achat des différentes catégories sociales.

Les paysans ou les agriculteurs devraient-ils contribuer au FODER ? Ici, ma réponse est non pour la simple raison que cette catégorie sociale contribue déjà au niveau de la Caisse de stabilisation qui, dans le projet que je propose, doit revenir à l'État. L'accentuation de la pauvreté et de la misère en milieu rural, doublée de la généralisation des malversations de tout genre et de l'envol de la corruption sous toutes ses formes qui caractérisent la filière café-cacao depuis sa privatisation, invite à réhabiliter le rôle des pouvoirs publics dans ce secteur d'activité. Le Rapport intitulé « chocolat chaud » de Global WITNESS (cf. supra) qui met en lumière l'extrême pauvreté des paysans et l'enrichissement insolent des gestionnaires des structures qui se sont substituées à la Caisse de stabilisation conforte mon option quant au retour de la filière café-cacao dans le giron de l'Etat. Toutefois, les mesures idoines doivent être prises pour accompagner ce retour afin de conférer efficience, efficacité et rentabilité à la gestion de ce secteur qui devrait constituer, pour un temps encore, la locomotive de la vie économique et sociale de la Côte d'Ivoire.

Comment répartir annuellement les fonds recueillis entre les régions

Pour permettre à ce type d'opération de produire l'impact escompté sur le développement économique et social des régions bénéficiaires, je propose que la totalité soit affectée à une région sur la base d'un classement par ordre alphabétique. L'ordre alphabétique élira donc chaque année la région bénéficiaire. On peut aussi réfléchir à d'autres facteurs de répartition moins polémiques.

Comment la région bénéficiaire doit-elle utiliser ce fonds ?

Pour moi, son usage est du ressort des élus régionaux. En d'autres termes, les députés, les conseillers municipaux et les conseillers régionaux doivent trouver un consensus sur les activités dans lesquelles ce fonds doit être investi. Ils doivent, dans ce domaine, être assistés par les préfets et sous-préfets, qui sont les représentants légaux du pouvoir central. Ce fonds n'est ni substituable, ni assimilable au financement que l'Etat se propose de mettre à la disposition des conseillers régionaux pour le développement des régions. Celui-ci (le Fonds en provenance du pouvoir central) est annuel (les régions percevront des sommes tous les ans), tandis que le FODER sera alloué à une région selon une périodicité qui sera fonction de l'effectif des régions. Le FODER vient donc en addition aux fonds alloués par l'Etat pour le financement des projets et des activités liés à la décentralisation de la Côte d'Ivoire. Le FODER est de nature à consolider la solidarité entre les Ivoiriens. A travers le mode de financement de ce fonds, chaque Ivoirien se sentira solidaire et responsable du développement des régions qui composent la Côte d'Ivoire. La philosophie qui fonde le FODER renforce donc le sentiment d'appartenance à une même nation. A cet égard, il peut être regardé comme le ciment de la solidarité nationale. La région bénéficiaire doit être retenue pour abriter les festivités de la fête nationale dont la réhabilitation s'avère également extrêmement importante. Ce qui lui offre une nouvelle opportunité pour bénéficier d'autres investissements publics.

Qui va gérer le FODER ?

Je propose qu'un Conseil soit mis en place pour contrôler l'effectivité des prélèvements, s'assurer du montant recueilli et vérifier les décaissements effectués par les régions bénéficiaires ainsi que l'effectivité des travaux réalisés sur le terrain. Ce conseil (l'effectif est à déterminer) serait composé de :

- parlementaires (pouvoir + opposition)
- syndicalistes
- représentants de la société civile
- représentants des paysans
- représentants religieux

A la fin de l'année, le Conseil communiquera à la nation le montant des fonds recueillis ainsi que la région bénéficiaire. Il s'organisera en son sein pour élire son bureau et élaborer ses statuts et règlements intérieurs. Ces textes devront être soumis au Parlement, pour examen et adoption. Ainsi, le comité de gestion œuvrera dans une transparence totale qui permettra à la fois de mobiliser la confiance des contribuables et donc permettre de rassurer l'usage rationnel des fonds recueillis, et de susciter l'intérêt des bailleurs de fonds extérieurs.

b) Créer une zone de transit autour des villes frontalières et d'Abidjan au niveau des entrées terrestres

Ici, l'idée principale est de mettre en place une structure qui permette de contrôler la nature des marchandises que transportent les milliers de camions qui sillonnent le territoire national. Ces camions quittent les ports de Côte d'Ivoire en direction des pays voisins et ces pays en direction des grandes villes ivoiriennes, sans que l'on connaisse bien souvent la nature des biens qu'ils transportent. Sans prétendre confirmer le laxisme, à cet égard, des forces de l'ordre et des agents des douanes, je reste convaincu que la création de ces zones de transit serait, entre autres, de nature à rendre plus transparent le volume des échanges commerciaux régionaux qui s'effectuent par l'intermédiaire des camionneurs. Les autres intérêts de ce type d'opération, et non des moindres, résident dans son volet sécuritaire (le trafic des armes et des stupéfiants, …) d'une part, et dans les opportunités de création d'emplois, d'autre part. A titre expérimental, l'on pourrait choisir la ville d'Abidjan. Comment les zones de transit d'Abidjan devraient-elles fonctionner ? A Abidjan (l'exemple retenu), je propose la création de trois zones de transit : a) une zone sur l'autoroute du Nord ; b) une zone sur la route de Bassam ; et c) une zone sur la route de l'Est. Ces trois axes routiers constituent les principales entrées terrestres dans la capitale économique du pays. En prenant l'exemple de l'autoroute du Nord, je propose que l'opérationnalisation de cette zone de transit se structure autour des éléments suivants :

i) une localisation géographique de la zone (peut-être à N'Douci)

ii) l'obligation faite à tous les importateurs et à tous les exportateurs de s'y installer. Il peut s'agir des individus, des entreprises etc. ;

iii) chaque importateur et exportateur y construirait ses structures de stockage ;

iv) l'exportateur y ferait le chargement de ses camions, tandis que l'importateur y réceptionnerait ses marchandises en provenance de pays tiers, sous le regard bienveillant des forces de l'ordre, des agents des douanes et des agents du fisc.

Ainsi, sur le site de cette zone de transit, cohabiteraient toutes les composantes de ce que le pays compte comme forces de l'ordre, et les fonctionnaires du Ministère de l'Économie et des Finances. Ces agents feraient l'objet d'une mutation tous les trois ans afin d'éviter que ne se développent dans leur comportement quotidien des velléités de corruption de toute nature.

Finalement, cette délocalisation d'une partie des activités du port sur le continent qu'on pourrait appeler le port sec offrirait ainsi de réelles occasions de création d'emplois sur le site. Cet exemple pourrait être dupliqué sur la route de Bassam et sur celle de l'Est.

c) Contribuer au développement des infrastructures collectives (la CDIC)

L'intégration économique et sociale devient progressivement une réalité incontournable en Afrique. Naturellement, le processus d'intégration s'accompagne de l'exercice de plusieurs libertés et droits au nombre desquels figurent la liberté de circulation des personnes, des biens et des services, le droit de résidence et d'établissement, …A la lumière donc de ces contraintes qu'impose le processus d'intégration, il est évident que le système des cartes de séjour, tel qu'il a existé et a fonctionné, est mal perçu par l'opinion africaine et internationale car l'on y voit des subterfuges visant à isoler la Côte d'Ivoire ou à exclure les Africains non ivoiriens ou les étrangers. J'ai la profonde conviction que cette difficulté majeure peut être surmontée en procédant autrement. En lieu et place de la carte de séjour, je propose la création de la contribution au développement des infrastructures collectives (CDIC). La CDIC serait donc un Fonds qui serait alimenté par une cotisation annuelle payée par les étrangers qui résident en Côte d'Ivoire (exception faite des diplomates et de leur famille, des étudiants, des réfugiés politiques et des personnes déplacées) et qui y exercent une activité. Le paiement de cette cotisation annuelle à la CDIC donnerait droit à un certificat de contribuable qui ferait office de titre de séjour et que les titulaires utiliseraint pour servir et valoir ce que de droit. Ainsi, tous les étrangers d'âge adulte qui n'appartiennent pas à l'ensemble des exemptés qui précède et qui ne pourraient pas contribuer à la CDIC seraient contraints de le faire. La suppression de la carte de séjour (en 2007) n'affecte pas la pertinence d'un tel projet. *A contrario*, la Côte d'Ivoire étant une terre d'immigration, la contribution des immigrants au développement des infrastructures sociales s'avère utile, au risque de voir celles-ci montrer des limites par rapport à la demande, une demande qui croîtra de façon exponentielle au regard de l'explosion démographique due, en partie, à l'immigration.

Somme toute, les nationaux cotiseraient au FODER, tandis que les étrangers le feraient à la CDIC. Et puisque ces deux fonds seraint destinés au développement des infrastructures, ceci enlèverait le caractère discriminatoire que l'on serait tenté d'attribuer à la CDIC.

Comment gérer la CDIC

Je propose que la CDIC soit soumise à un système de contrôle semblable à celui du FODER.

d) Vulgariser les Groupements villageois d'intérêt économique (GROUVIE)

Le groupement villageois d'intérêt économique est une organisation de jeunes, d'hommes ou de femmes, qui ont à la volonté commune de s'associer, de créer une synergie entre eux, de partager les souffrances et les joies, de contribuer collectivement à bâtir leur village autour de projets porteurs d'espoir et d'avenir. Dès lors, le GROUVIE vise à atteindre deux (2) objectifs majeurs : promouvoir et consolider la solidarité traditionnelle entre les villageois, et contribuer, *de facto*, à leur épanouissement économique et social. Il est ouvert à tous (autochtones et allogènes) résidant sur le territoire villageois ou y exerçant une activité économique. Le GROUVIE, à travers les nombreuses activités qu'il aura à entreprendre, vise les objectifs suivants :

i) réhabiliter l'unité et la solidarité, valeurs fondamentales qui ont toujours constitué le socle d'évolution des communautés africaines ;
ii) organiser économiquement les villageois pour leur permettre d'être constamment au diapason de l'évolution du monde moderne ;
iii) promouvoir sur le territoire villageois des projets d'intérêt commun ou d'utilité collective ;
iv) assister et orienter les villageois dans la mise en œuvre de leurs différents plans économiques ;
v) promouvoir et consolider chez les villageois des réflexes d'entraide dans l'exercice de leurs activités économiques et sociales.
vi) améliorer les techniques de travail des adhérents ;
vii) accroître les ressources financières et améliorer les conditions de vie des adhérents notamment par :

- l'approvisionnement en inputs nécessaires à la production agricole et animale ;
- le stockage des produits, leur semi-transformation et leur commercialisation ;
- l'achat d'équipements collectifs ;
- l'assistance dans l'utilisation rationnelle du crédit accordé, et
- plus généralement, toutes actions économiques, sociales, culturelles et éducatives propres à atteindre l'objectif du GROUPEMENT.

Comment réaliser les objectifs ?

Pour atteindre les objectifs ci-dessus évoqués, les membres du GROUVIE peuvent entreprendre une série d'activités au nombre desquelles figure la constitution d'un Fonds GROUVIE de solidarité. Ce fonds, une fois constitué à partir de l'ouverture d'un compte bancaire ou d'un compte d'épargne postale dans le chef-lieu de circonscription auquel appartient le village, peut jouir de plusieurs sources d'approvisionnement. Ainsi les membres du GROUVIE peuvent, entre autres, alimenter ce fonds à partir des recettes tirées des travaux collectifs rémunérés, des dons ou legs effectués par de personnes généreuses, de la vente des fruits d'une exploitation agricole collective, de la rétribution de toute autre initiative qu'entreprendraient les membres du GROUVIE dans le cadre de l'exécution de leur programme d'activités.

Comment gérer le fonds GROUVIE de solidarité ?

Ce fonds, une fois constitué, ne peut faire l'objet de retraits que lorsqu'un certain niveau d'épargne est atteint plus précisément, lorsque les membres ont réalisé une épargne supérieure ou égale à 1 000 000 F CFA (un million de francs CFA). L'épargne constituée ne peut faire l'objet de prêts remboursables qu'à concurrence de 70%, les 30%

restants devant représenter les réserves obligatoires. Exemple: si le GROUVIE totalise une épargne de 1.000.000 de F CFA, la somme qu'il pourra mettre à la disposition de ses membres au titre de prêts remboursables (à un taux d'intérêt nul) sera de 700 000 F CFA (soit 70% de 1.000.000 de F CFA). Les 300.000 F CFA restants (soit 30% de 1.000.000 de F CFA) constitueront les réserves obligatoires. Les retraits ne peuvent être effectifs qu'après accord ou approbation du Comité de crédit du GROUVIE et signature du chèque ou du livret d'épargne par deux de ses membres, en l'occurrence le président et le comptable. Aucun prêt ne peut être accordé pour des motifs de divertissement. Dès lors, seuls les cas de maladie, de funérailles et de scolarité peuvent bénéficier de l'attention du Comité de crédit du GROUVIE. Un prêt contracté doit être remboursé dans une période d'un an à compter de la date du décaissement. Aucun prêt ne doit être accordé à une personne n'appartenant pas au GROUVIE. Aucun prêt ne doit excéder les 10% de la tranche prêtable de l'épargne constituée. Tout demandeur de prêt doit être avalisé par deux (2) membres du GROUVIE. Ceux-ci doivent donc tout mettre en œuvre pour éviter toute situation d'impayé à l'échéance de la période du crédit.

Des dispositions utiles doivent être prises pour que « le Projet GROUVIE » soit mis en œuvre dans les villages de Côte d'Ivoire. L'intérêt majeur de ce projet réside dans ce qu'il permet aux pouvoirs publics d'être en contact permanent avec les populations rurales afin de les aider à améliorer leur quotidien. Les conseils généraux et les communes peuvent aider les villages à mettre en œuvre ce projet.

e) Créer une Banque pour la Promotion des Petites et Moyennes Entreprises (PME)

Aujourd'hui, c'est un truisme de dire que le développement de la Côte d'Ivoire passe indubitablement par la reconstitution de son tissu industriel des PME. L'analyse économique est même unanime à reconnaître que les PME sont plus génératrices d'emplois que les grandes entreprises. En reconstituant le tissu industriel des PME, laissé en lambeau à la faveur du départ de plus de 8000 expatriés occidentaux, particulièrement français, et en le développant dans le temps, l'on créerait des opportunités immenses d'emplois qui contribueraient à sortir la jeunesse du cul-de-sac de la précarité. Toutefois, le développement des PME en Afrique se heurte à d'énormes difficultés liées au financement. Pour surmonter cet autre obstacle, je propose la création d'une Banque dont la mission principale serait de financer les PME déjà existantes et de favoriser l'avènement d'autres PME par l'entremise d'une généreuse politique de crédit.

f) Mettre en place le Forum des Retraités de Côte d'Ivoire (FORECI)

Je propose l'institutionnalisation d'un tel Forum. Ainsi les retraités, toutes catégories confondues, toutes qualifications ou toutes spécialisations, se réuniraient une fois par an sous les auspices des pouvoirs publics. Une telle rencontre offrirait l'opportunité d'identifier de l'expertise non employée dans les domaines où le pays connaîtrait une pénurie relative en ressources humaines. A mon humble avis, les secteurs comme l'éducation, la santé, la sécurité, l'encadrement agricole, etc. pourraient être concernés. Cette expertise identifiée au sein de la population des retraités pourrait être affectée pour accomplir soit des tâches spécifiques, soit pour renforcer de manière temporaire un secteur donné connaissant un besoin d'emplois.

g) Créer le Fonds Ivoirien des Hydrocarbures et des Mines (FIHYDROMIN)

Aujourd'hui, c'est un secret de Polichinelle que la Côte d'Ivoire produit du pétrole, du gaz et regorge d'immenses ressources minières. Je propose qu'une partie des revenus tirés de l'exploitation de ces ressources énergétiques et minières soit placée dans un Fonds constitué à cette fin. Ce Fonds pourrait être destiné aux générations futures comme c'est le cas dans des pays comme la Norvège et le Botswana. Ce Fonds pourrait aussi être utilisé pour soutenir des secteurs, comme l'agriculture, au cas où ceux-ci seraient en difficulté. Par ailleurs, le FIHYDROMIN pourrait financer le développement des secteurs liés aux technologies de pointe, à la Recherche et Développement, à la Banque des PME, etc.

Réhabiliter les infrastructures touristiques

L'art, ici, consiste à conférer au secteur touristique toute son importance et tout son poids dans l'économie ivoirienne. Ce secteur constitue, dans beaucoup de pays, le principal pourvoyeur de devises. Le tourisme en Côte d'Ivoire jouit de tous les atouts, voire de toutes les potentialités pour contribuer significativement à l'accroissement de la richesse nationale et pour cause le pays dispose de nombreux sites touristiques qui n'attendent qu'à être valorisés. La dotation naturelle de la Côte d'Ivoire, doublée de sa situation géographique, lui permet d'être attractive à condition que la paix, la stabilité politique, et la sécurité des personnes et des biens s'y installent de manière irréversible et durable. Cette condition *sine qua non* doit être accompagnée par le développement, tous azimuts, d'infrastructures touristiques. Depuis les portes d'entrée en Côte d'Ivoire (aéroports,

ports…), les infrastructures touristiques doivent faciliter les séjours des touristes. Mais en aval de toutes ces dispositions, l'on doit promouvoir les infrastructures hôtelières. Les pouvoirs publics peuvent le faire, par le biais de la réhabilitation de l'ex-Sietho. Car sans des infrastructures hôtelières dignes de ce nom et qui respectent les standards internationaux, aucune politique pour le développement du tourisme, quelle que soit sa qualité, ne peut être couronnée de succès. Le tourisme n'est pas destiné aux seuls étrangers. Les nationaux sont aussi concernés. Si la Côte d'Ivoire est dotée de structures hôtelières qui réunissent toutes les conditions d'hygiène, les Ivoiriens, ceux de la classe moyenne particulièrement, peuvent aussi contribuer au développement de l'activité touristique.

Intégrer une dose de préférence nationale dans la politique de recrutement des firmes étrangères

Je voudrais essentiellement insister sur quelques mesures pouvant aider à faire reculer le chômage des jeunes. Toutes les entreprises étrangères, quel que soit le secteur dans lequel elles opèrent, doivent impérativement appliquer la préférence nationale dans leur politique de recrutement de personnel en attendant l'avènement d'un marché commun régional et continental. Cette volonté doit être matérialisée par une loi, et cela doit être inscrit dans le code d'investissement du pays. Toutefois, une flexibilité doit être observée dans les activités où il n'y aurait pas de compétences nationales.

Particulièrement au niveau de l'activité des chauffeurs de taxi, la préférence nationale mérite d'être observée. De nos jours, il y a de nombreux jeunes nationaux dotés de diplômes du secondaire et d'un permis de conduire et qui se trouvent au chômage. Ainsi, toutes les sociétés de transports urbains appartenant aux étrangers et obéissant au critère de seuil minimum d'investissement décrit plus haut, devraient être contraintes par une loi, votée à cette fin, les invitant à appliquer la préférence nationale. Ceci permettrait d'absorber une fraction non négligeable des jeunes chômeurs.

Finalement, il convient de retenir que, la Côte d'Ivoire étant un pays en voie de développement, un comportement apathique des pouvoirs publics à l'égard de l'activité économique constituerait une ligne politique à ne pas suivre. L'État de Côte d'Ivoire, quelle que soit la nature des partis politiques qui l'animeront dans le temps, doit encadrer les activités dans les secteurs primaire, secondaire et tertiaire en insufflant de la dynamique là où il en faut, en veillant à l'épanouissement d'une compétition saine entre acteurs économiques, en exerçant toutes ses tâches régaliennes avec efficacité, équité et dynamisme dans le seul but de satisfaire l'intérêt général de la Nation ivoirienne. En d'autres termes, l'État de Côte d'Ivoire doit être un animateur principal de la vie économique du pays. Il doit veiller à la promotion du secteur privé (domestique et étranger) en n'oubliant pas son rôle d'encadreur et d'initiateur. Il doit, le cas échéant, veiller à la promotion de la complémentarité État / privé dans des secteurs variés de l'économie.

Il doit même lever des fonds souverains pour soutenir la croissance des entreprises ivoiriennes. Ainsi les pistes indiquées dans ce chapitre méritent-elles l'attention des hommes politiques dans la perspective d'une nouvelle gouvernance de la Côte d'Ivoire, pour une nouvelle Côte d'Ivoire.

En Asie orientale[12], « la mondialisation a été dosée, étalée, et l'État est intervenu, prudemment, mais sur tous les plans dans l'économie. Il a fait tout ce que l'on attend habituellement d'un État. Il a développé l'enseignement primaire et l'enseignement supérieur, parce qu'il a compris

---

12 Voir Stiglitz J.E. (2006), *op.cit.* Il s'agit de pays comme Taïwan, la Corée du Sud, la Malaisie, …

que le succès exigeait à la fois l'alphabétisation universelle et l'encadrement de personnes très qualifiées, capables de maîtriser les technologies de pointe. Il a investi massivement dans des infrastructures comme les ports, les routes, les ponts, ce qui a facilité le transport des marchandises, donc rendu moins coûteuses l'activité des entreprises et l'exportation des produits. Ces pays ont même agi au-delà des missions ordinaires de l'État. Ils ont planifié et stimulé le progrès technologique, en choisissant quels secteurs ils allaient développer au lieu de laisser le marché en décider. Si les banques privées ne fondent pas de filiales dans les zones rurales pour collecter l'épargne, l'État doit intervenir. Si elles n'accordent pas de crédit à long terme, l'État doit intervenir. Si aucune entreprise privée ne fournit certains produits intermédiaires indispensables à la production, l'État doit intervenir ».

Chapitre II :

La bonne gouvernance comme levier de la vie socio-économico-politique de la Côte d'Ivoire

Le concept de gouvernance a déjà fait l'objet d'une littérature abondante et riche.[13]

i) La Banque Mondiale par exemple, se fonde sur six indicateurs pour mesurer le concept de la gouvernance.[14] Ces indicateurs de mesure sont les suivants :

ii) Liberté de parole et responsabilité : ensemble d'indicateurs qui mesurent les divers aspects du processus politique notamment les libertés publiques, les droits politiques et humains et la mesure dans laquelle les citoyens d'un pays peuvent choisir leur gouvernement.

iii) Stabilité politique et absence de violence : plusieurs indicateurs qui mesurent l'estimation par le public de la possibilité d'une déstabilisation ou d'un renversement non constitutionnel du gouvernement notamment par la violence et le terrorisme intérieurs.

iv) *Fonctionnement de* l'État : il analyse les réponses concernant la qualité de service public, l'indépendance de la fonction publique vis-à-vis des pressions et la crédibilité de la détermination des autorités à appliquer diverses politiques.

---

13 Cf. Aoki Masaiko (1996,2001), Banque Mondiale (2003). G. Charreaux (1997, 2006).

14 Kaufman D. Kraay A. et Mastruzzi M. (2003). Pour ces informations complémentaires, voir Djaowey (2009), Sen A. (1999).

v) *Qualité de la réglementation :* elle porte sur les politiques qui entravent le bon fonctionnement du marché comme le contrôle des prix ou un contrôle bancaire déficient ainsi que la sensation d'une lourdeur excessive dans les domaines comme le commerce extérieur et le développement des affaires.

vi) *État de droit :* ensemble d'indicateurs qui mesurent la confiance des citoyens dans les règles sociales et le respect de ces règles. Il s'agit de la perception publique du niveau de la délinquance, de l'efficacité et de la prévisibilité du système judiciaire et de la possibilité de faire respecter les contrats.

Selon G. Charreaux,[15] le concept de la gouvernance est défini comme l'ensemble des mécanismes organisationnels ou institutionnels ayant pour effet de délimiter les pouvoirs et d'influencer les décisions des dirigeants, managériaux ou politiques, autrement dit « qui gouvernent leur conduite et définissent leur espace discrétionnaire ». A l'instar de D.Labaronne et F. Ben-Abedelkader, je distingue deux types de gouvernance[16] :

i) la micro-gouvernance à laquelle j'associe la gouvernance des ménages, voire celle des Ivoiriens pris individuellement dans leurs différents métiers, et

ii) la macro-gouvernance ou la gouvernance qui s'applique aux pouvoirs publics.

---

15 Charreaux G. (1997): *Le gouvernement des entreprises. Théories et faits*. Economica Paris ; cité par D. Labaronne et F. Ben-Abdlelkader (2008).

16 Cf.D.Lbaronne et F.Ben-Abedelkader (2008) « Transition institutionnelle des pays méditerranéens et des pays d'Europe de l'Est. Analyse comparative de l'évolution **de** leurs systèmes de gouvernance »Revue d' Economie Politique, REP 118 (5) Septembre-octobre 2008. Ces deux auteurs font ressortir les aspects quasi-extensifs de la micro-gouvernance et de la macro-gouvernance ainsi que des indicateurs de mesure de ces deux types de gouvernance.

Me fondant donc sur ces deux concepts de la gouvernance j'ose affirmer que la bonne gouvernance, c'est l'affaire de tous et non des seuls gouvernements. Généralement quand on parle de la bonne gouvernance, l'on a tendance à regarder du côté des pouvoirs publics, voire des seuls dirigeants. Attendre la bonne gouvernance des seuls dirigeants, c'est vider ce concept d'un pan important de sa substance.

Telle que définie, la gouvernance doit être le guide permanent du comportement quotidien de tous les Ivoiriens. Chaque Ivoirien, dans ses actions de tous les jours, doit enfourcher le cheval de la bonne gouvernance. En d'autres termes, il doit inscrire toutes ses actions, poser tous ses actes en s'inspirant profondément des vertus de la bonne gouvernance. Chaque Ivoirien doit se dire que la bonne gouvernance doit commencer à son niveau. Et c'est la somme des bonnes gouvernances individuelles qui doit constituer la bonne gouvernance nationale qui, à son tour, balisera les actions de l'élite au pouvoir.

La gouvernance des ménages

L'analyse orthodoxe ne suggère-t-elle pas que l'agrégation de comportements individuels rationnels conduit toujours à l'optimum ? Même si aujourd'hui cette approche orthodoxe semble être infirmée par la théorie des jeux par l'entremise du dilemme du prisonnier de A.W. Tucker qui aboutit à un équilibre de Nash (situation sous-optimale), il faut reconnaître que le dilemme du prisonnier ne sert qu'à décrire des situations économiques comme le duopole et la politique commerciale stratégique.

Ainsi, chaque chef de famille doit pratiquer la bonne gouvernance en gérant de façon optimale et rationnelle les ressources familiales, en éduquant convenablement les enfants, en assumant toutes les responsabilités familiales sans aucune défaillance, même en restant fidèle à son épouse, en se dotant du culte du respect de la parole donnée, en faisant correctement son travail duquel il tire ses revenus lui permettant de nourrir sa famille, en pourvoyant aux besoins de tous ceux qui relèvent de sa responsabilité, etc. En outre, il doit payer ses loyers s'il n'est pas encore propriétaire, pour éviter d'exposer sa famille à la précarité. Payer régulièrement son loyer doit être une de ses contraintes majeures, car le loyer q' il paye est un des éléments constitutifs du revenu du propriétaire.

De même, un instituteur, un professeur des collèges et lycées, un Professeur d'Université doit faire comme il le faut et dignement son travail d'enseignant et d'encadreur de la jeunesse, et de recherche. Cette fonction quasi sacerdotale, doit être accomplie avec amour, dans la transparence, et dans le respect absolu de l'éthique humaine.

De même, un policier, un douanier, un gendarme, un militaire, ou un « corps habillé » en général, doit s'adonner à sa tâche dans le strict respect des vertus qu'exige sa fonction. Sa contribution au respect des valeurs républicaines, à l'instauration et à la consolidation de la sécurité à l'intérieur des frontières nationales, à la défense des frontières du pays, à la lutte contre la corruption sous toutes ses formes etc… est extrêmement importante. Autrement dit, dans son comportement de tous les jours, le « corps habillé » doit être regardé comme le modèle de citoyen patriote à vulgariser dans tout le pays. Il doit donc exercer cette fonction hautement honorable avec honneur, fierté, orgueil, courage et bravoure.

Par ailleurs, un infirmier, une sage femme, un médecin doit accomplir cette autre tâche quasi sacerdotale dans le plus grand respect de la morale et de l'éthique humaine. Là non plus, la corruption n'a pas droit de cité. Car les pauvres, dans les hôpitaux publics, doivent bénéficier de la même attention du corps médical ou du personnel soignant que les riches. Il ne doit pas y avoir une médecine pour les riches et une autre pour les pauvres. Les médicaments ou les produits pharmaceutiques fournis par les pouvoirs publics ne doivent pas être affectés à d'autres fins. Ces produits ne doivent pas emprunter le chemin des cliniques privées où une partie du personnel soignant exerce son talent.

Quant aux commerçants, ils doivent pratiquer leur métier dans le respect des règles exigées. Ici, le contournement des autorités du « fisc » ou des douanes doit être banni du comportement des acteurs de cette noble activité. Surtout les commerçants doivent éviter de se positionner en « offreurs », ou en « demandeurs » de la corruption. La bonne gouvernance, ici, consiste à obéir aux contraintes exigées par le « fisc » et les douanes, et à fixer un prix juste pour les consommateurs.

Dans cette même logique, le magistrat, dans toutes les composantes de son corps, doit inscrire toutes ses actions dans la seule logique de dire le droit. Il ,ne doit pas coexister en Côte d'Ivoire, une justice pour les puissants et une justice pour les pauvres. Car il est à retenir que le magistrat rend la justice au nom du peuple. S'il refusait donc de dire le droit, dans le strict respect de la déontologie de son métier, il insulterait l'intelligence du peuple au nom duquel il détient le privilège de rendre justice. Ici, la bonne gouvernance consiste donc pour le magistrat à se soustraire à toute influence d'où qu'elle vienne, pour dire le droit, rien que le droit. Ce faisant, il contribue énormément à consolider les fondements de l'État de droit auxquels la Côte d'Ivoire, aspire et, *de facto*, à la rendre plus attractive aux investissements directs étrangers, au financement extérieur non générateur de dette et dont l'impact sur le marché de l'emploi est considérable.

Les exemples peuvent se multiplier. Car le principe de la bonne gouvernance doit s'appliquer à tous les métiers, voire à tous les corps professionnels en Côte d'Ivoire. C'est de cette façon que l'on pourra amener les administrations successives à s'approprier les vertus de la bonne gouvernance, condition *sine qua non* du succès de leurs actions.

La gouvernance politique

Pour les hommes politiques au pouvoir et pour ceux de la minorité, la bonne gouvernance est synonyme de primauté de l'intérêt général sur les agendas privés, d'usage rationnel et optimal des ressources nationales, de gestion rationnelle des ressources humaines en s'appuyant sur le mérite dans l'affectation des responsabilités, de prééminence du mérite, de la compétence, sur le népotisme, le favoritisme et le clientélisme, de la prédominance de la vérité sur le mensonge et l'épanouissement constant de l'unité nationale au détriment du tribalisme ou de l'ethnocentrisme. Ici également la bonne gouvernance est synonyme de respect des institutions républicaines dans l'autonomie de l'exercice de leur mandat. « Un des principaux facteurs du succès futur d'un pays est la qualité de ses institutions publiques et privées qui elle-même dépend de ces questions : comment les décisions sont-elles prises, et dans l'intérêt de qui ? »[17] Dans cette perspective, l'interférence des hommes politiques dans le fonctionnement quotidien des institutions républicaines, supposées préserver leur indépendance et leur autonomie d'action, doit être proscrite. Les hommes politiques qui tenteraient d'influer sur le fonctionnement de ces institutions doivent être dénoncés et sévèrement sanctionnés. Pour éviter donc toute influence politique dans

---

17 Stiglitz J.E. (2006) *op.cit.*

la vie des institutions républicaines, la majorité et la minorité politiques doivent s'entendre pour mettre en place un mécanisme de nomination des autorités de ces institutions de sorte que celles-ci n'aient pas à renvoyer l'ascenseur à ceux qui ont assuré leur promotion. Le succès d'une telle démarche contribuera significativement à consolider la démocratie en Côte d'Ivoire.

Par ailleurs, le respect des institutions républicaines consiste aussi à éviter les manœuvres visant à tripatouiller les textes fondateurs de la Nation notamment la constitution et le Code électoral dans le but, soit de se maintenir au pouvoir, soit de favoriser l'accès des proches au pouvoir politique. Ces velléités recèlent en leur sein tous les ingrédients susceptibles de plonger le pays dans une instabilité politique dont les conséquences seraient sûrement très dommageables en ce qui concerne son avenir. Ce genre de comportement affaiblit la démocratie et déstabilise la Nation dans ses fondements.

Les hommes politiques, ceux de la majorité comme ceux de la minorité, doivent éviter de s'adonner à des calculs politiciens, à des subterfuges ou manœuvres politiques à l'égard des Institutions républicaines dont les textes fondateurs ont été consensuellement admis par les populations de la Côte d'Ivoire. *A contrario*, ils doivent, au nom de la stabilité politique et sociale, inscrire toutes leurs actions dans le strict respect des Institutions de la République. Car le respect de celles-ci, c'est aussi l'autre nom de la bonne gouvernance politique. En outre, il faut noter que la bonne gouvernance politique c'est, également, d'éviter tout comportement populiste à l'égard de la Nation. Les politiciens doivent éviter tout langage populiste et inscrire leur discours dans la logique de la vérité. Selon le lexique, le populisme « c'est une attitude politique consistant à se réclamer du peuple, de ses aspirations profondes, de sa défense contre les divers torts qui lui sont faits ». Cette définition du populisme laisse entrevoir le danger que l'on peut faire courir à un peuple donné si l'on en use dans une compétition politique. Être élu sur une base populiste et ne pas honorer les engagements qui en découlent revient à se moquer du peuple, à en abuser, à le pousser à haïr la politique et à appauvrir le processus démocratique. La Côte d'Ivoire est en train de poser les fondements d'une démocratie durable. Les Ivoiriens en sont conscients. Ils sont également conscients des potentialités économiques de leur pays ainsi que de sa capacité de financement, et sont informés de la surface financière dont disposent tous les compétiteurs aux différentes positions politiques. Par conséquent, il est recommandé à tous les politiciens (de la majorité comme de la minorité) d'adopter le langage de la vérité et de développer le culte du respect de la parole donnée. Cette voie, même si elle est jalonnée d'embûches (car difficle), mérite d'être empruntée par tous les hommes politiques de la Côte d'Ivoire. Ils en sortiront grandis. Le pays en sortira grandi. Les Ivoiriens en sortiront épanouis et prospères. L'assertion « la vérité finit toujours par rattraper le mensonge » doit être gardée en permanence dans un coin de la mémoire de tous les politiciens de la Côte d'Ivoire.

Ici, également, la bonne gouvernance c'est avoir les sens de l'honneur et de l'histoire. En d'autres termes, c'est poser des actes qui honorent et qui font rentrer dans l'histoire par la grande porte, c'est à dire en devenant une référence, voire un repère permanent pour les générations futures indépendamment des divergences idéologiques. Ce fut le cas[18] du général de Gaulle pour les Français, de Kwamé Nkrumah pour les Ghanéens, de Modibo Keita pour les Maliens, de Mao Tsé Toung pour les Chinois, de Félix Houphouët Boigny pour les Ivoiriens, de Nasser pour les

18 Les exemples, ici, ne concernent que les politiciens qui ont dirigé leurs pays et qui ne sont plus de ce monde au moment de l'élaboration de ce livre.

Égyptiens, etc. Ces cas (la liste n'est pas complète) interpellent tous les ivoiriens qui auront a s'asseoir dans le fauteuil présidentiel et les invitent à savoir inscrire leurs actions dans les annales de l'honneur et de la vraie et grande histoire de la Côte d'Ivoire.

En outre, les élus locaux, particulièrement les maires, ont la lourde responsabilité de poser des actions qui améliorent significativement le niveau et le genre de vie des électeurs. Les villes admirées par tous comme Paris, Madrid, Rome, Genève, Bruxelles, Washington, Cape Town, Tokyo… ne sont pas bâties en un seul jour, en une seule année ou en une seule décennie. Ces villes constituent l'œuvre de plusieurs générations, de plusieurs administrations qui se sont succédé, d'équipes communales successives… Chacune des équipes, chacune de ces générations, chacune de ces administrations, a apporté sa pierre à l'édifice, sa touche selon ses goûts, selon sa vision de l'urbanisme et selon les contraintes financières, administratives, politiques, humaines, scientifiques et technologiques de son temps. Peut-il en être autrement en Côte d'Ivoire ? Les villes ivoiriennes, les communes ivoiriennes, peuvent-elles se soustraire à cette logique du développement urbain? Les élus locaux de la Côte d'Ivoire doivent-ils échapper à ce devoir générationnel? N'ont-ils pas le devoir ou l'obligation d'apporter leur touche contributive à l'épanouissement de leurs cités ?

Les villes que nous admirons tous sont le résultat, voire l'agrégation des valeurs ajoutées des équipes communales successives. Les élus locaux, les conseils municipaux de Côte d'Ivoire doivent inscrire la mise en œuvre de leurs mandats dans un tel élan constructif. Ici la bonne gouvernance équivaut à traduire dans les faits les programmes pour lesquels ces conseils ont été élus ou mis en place. Au terme de leurs mandats, les populations doivent être capables de mesurer les résultats qui doivent être visibles, voire tangibles et mesurables. Les électeurs doivent pouvoir saisir l'impact de ces résultats dans l'amélioration de leur niveau de vie et de leur genre de vie. Les équipes municipales doivent donc améliorer et non diminuer ou détruire l'acquis des équipes précédentes. Si les équipes municipales s'appropriaient cette dynamique qui fait que l'on admire les villes modernes d'aujourd'hui, les villes et les quartiers de la Côte d'Ivoire s'épanouiraient davantage. Pour y parvenir, elles doivent être contraintes par les électeurs à travers les urnes. Les électeurs doivent donc donner un sens à leurs bulletins de vote en renouvelant les mandats des équipes performantes et en sanctionnant celles qui ne le sont pas. Ces bulletins de vote, le verdict des urnes, doivent constituer une menace potentielle permanente pour les équipes communales. Cette menace potentielle est de nature à les amener à réaliser leurs nombreuses promesses, à respecter leurs électeurs, et à quitter le camp du mensonge pour gagner celui de la vérité.

Par ailleurs, la bonne gouvernance politique requiert que l'opposition ou la minorité soit associée à la gestion des dossiers d'importance capitale pour le pays. En d'autres termes, la majorité au pouvoir doit impliquer la minorité dans les missions où l'on traite des questions relatives à la vie du pays. C'est une manière d'assurer la transparence et la fluidité de l'information et d'amener la minorité à avoir de l'expérience dans l'éventualité de l'exercice futur du pouvoir politique. L'on doit ainsi associer l'opposition dans les missions auprès des institutions de Bretton-Woods, dans les sommets de Union Economique et Monétaire Ouest - africaine (UEMOA) et Communauté Économique des États de l' Afrique de l' Ouest (CDEAO) et de l'Union africaine. L'opposition doit faire partie des délégations du pays au niveau de ces instances, l'expérience acquise à ce niveau étant capitale pour la gouvernance politique et économique. Car être au pouvoir d'abord, avant de chercher à s'émanciper de la pratique au sein des ces institutions comporte le risque d'un amateurisme aux lourdes conséquences pour le pays.

Éviter d'ériger la Côte d'Ivoire en une république de « c'est notre tour de manger », « c'est notre tour de nous enrichir ...».

La construction d'une Côte d'Ivoire unie, solidaire, prospère et apaisée requiert que l'on se départisse de ce genre de slogan. Dans cette même logique, l'on doit également mettre fin aux clubs du « grand Nord », du « grand Ouest », du « grand Centre », et du « grand Est »,... Ce type de club porte en son sein tous les ingrédients de la division, du tribalisme ou de l'ethnocentrisme. La Côte d'Ivoire telle que nous la désirons tous, ne peut pas se construire dans un environnement national dominé par les « c'est notre tour de... » et par les clubs aux dimensions tribales. . Dans une telle perspective, l'exemple des « Éléphants [19]», tous sports confondus, doit servir de modèle. Ici, les équipes nationales du pays ne sont pas constituées sur une base tribale. Ce sont les jeunes les plus performants sur le moment, les meilleurs de leurs sports respectifs qui sont sélectionnés pour représenter le pays, pour défendre les couleurs nationales dans les compétitions internationales. Ici, on ne dit pas « c'est le tour des Akans », « c'est le tour des Krous », « c'est le tour des Malinkés », *A contrario*, ce sont les meilleurs qui sont l'objet de sélection pour contribuer, au Plan sportif, au rayonnement de la Côte d'Ivoire. Au Plan politique, les Ivoiriens, les électeurs ivoiriens doivent s'inspirer du modèle des sportifs pour élire à la tête du pays, le meilleur candidat du moment, en termes de projet sociétal; d'amour profond pour le pays; et de sagesse avérée symbolisant la capacité à gouverner, et à mettre en œuvre

[19] « Les ÉLÉPHANTS » est l'appellation consacrée aux équipes nationales de Côte d'Ivoire, tous sports confondus.

des Politiques renforçant en permanence l'unité nationale. Ils ne doivent donc pas opérer leur choix, exprimer leur vote, sur fond des concepts de « c'est notre tour de ... » qui, en réalité, recèlent en leur sein tous les ingrédients préjudiciables à l'avènement d'une véritable Nation. De même, la logique conduisant à l'élection du meilleur ivoirien au poste suprême du pays, indépendamment de son appartenance ethnique ou religieuse, doit également conduire à la formation des gouvernements successifs et à l'élection des élus locaux. La diversité culturelle ou la pluralité ethnique doit être moins un facteur de division et de conflits qu'une source de richesse pour la Côte d'Ivoire.

C'est pour éviter ce genre de slogan ou de club que je propose que le marché politique de la Côte d'Ivoire soit occupé par seulement deux grands partis politiques de type gauche et droite (*voir supra).* Ce duopole politique présente l'intérêt d'éviter le multipartisme intégral aux relents tribaux et porteur potentiel de conflits de tout acabit.

Les partis politiques ont le devoir, voire l'obligation, de former ou d'éduquer leurs militants en leur enseignant les vertus de la République et de l'unité nationale. Car seule une éducation permanente, conduisant les militants à s'approprier ces vertus et à les promouvoir, est de nature à enterrer les slogans et les clubs générateurs de division et de tribalisme.

Faire de la politique en s'unissant autour des valeurs fondatrices de la Nation

L'art ici consiste à nouer une alliance sacrée autour des domaines qui fondent la Côte d'Ivoire. Il s'agit de l'unité, de la défense des frontières, de la sécurité des personnes et des biens, de l'éducation, de la santé et de l'épanouissement du pays à l'intérieur comme à l'extérieur des frontières nationales. Au niveau du développement de ces domaines (la liste n'est pas complète), les acteurs du marché politique doivent éviter de s'adonner à l'hypocrisie politique. Dans cette perspective, les discours non constructifs sont à écarter. Il en est de même des critiques creuses dénuées de tout sens et de toute valeur ajoutée. Ici l'opposition est invitée à soutenir les actions gouvernementales par l'entremise de propositions claires, profondes, riches et faciles à mettre en œuvre. Ainsi l'opposition ou la minorité doit éviter des comportements visant à rejeter systématiquement, sans aucune analyse sérieuse préalable, les propositions du parti au pouvoir visant à promouvoir les domaines déjà évoqués. L'unité nationale, la défense nationale, la sécurité des citoyens et de leurs biens, l'éducation de la jeunesse, la santé des citoyens… constituent des enjeux que l'on doit ôter du cadre de la politique politicienne, terreau de la mauvaise foi, des contrevérités, et des contradictions stériles. *A contrario*, ces enjeux doivent constituer des secteurs devant symboliser l'unité sacrée des Ivoiriens indépendamment de leur appartenance aux partis politiques, voire de leur coloration idéologique. Ces enjeux doivent forcer l'entente des Ivoiriens. Ceux-ci doivent même éviter d'en parler à l'extérieur des frontières nationales. Toute opposition à l'administration au pouvoir doit se manifester de manière constructive et intelligente afin d'éviter de casser la « maison Ivoire », patrimoine commun, voire indivis de tous les Ivoiriens.

Par ailleurs, l'unité nationale est tellement sacrée que les politiciens, toutes colorations confondues, doivent tout mettre en œuvre pour veiller sur elle comme sur la prunelle de leurs yeux. Pour ce faire, quelque que soit la nature des problèmes à traiter, quelle que soit la nature des incompréhensions, quelle que soit la nature des contradictions, les politiciens doivent toujours tourner le dos au langage des armes pour privilégier celui de la langue humaine. Car, comme l'affirmait un célèbre écrivain africain que je paraphrase, « tant qu'on a une langue dans la bouche, tous les problèmes humains peuvent trouver un dénouement heureux ». Autrement dit, avec la parole, tous les problèmes de société, toutes les divergences d'opinions peuvent trouver une issue heureuse. A ce propos, la Bible ne nous enseigne-t-elle pas qu'au commencement était la parole? Aussi, en ce qui concerne l'unité nationale, les Ivoiriens doivent toujours se souvenir de cette citation du Père fondateur de la Côte d'Ivoire moderne. « Je préfère l'injustice au désordre car l'injustice peut être corrigée, alors que le désordre, lorsqu'il se produit, l'on ne sait pas quand il prendra fin ». Le désordre survenu en Côte d'Ivoire, consécutivement à la rébellion armée qui a éclaté en 2002, constitue une parfaite illustration de la pensée exprimée par F.H. Boigny. Car depuis cette date, la Côte d'Ivoire a arrêté sa croissance et son développement. Depuis l'éclosion de la crise, toutes les énergies ont plutôt été consacrées à négocier le rétablissement de l'ordre pacifique antérieur à 2002. Le pays risque de traîner, encore pour longtemps, les séquelles de ce désordre. Or, si l'on avait privilégié le dialogue, la parole, voire le langage de la langue humaine, l'on aurait fait l'économie de cette crise et les sommes colossales consacrées à sa résolution auraient pu servir à financier des projets de développement dont les résultats auraient permis à la Côte d'Ivoire de franchir des étapes décisives sur le chemin de son développement économique et social.

Eviter les alternances démocratiques douloureuses

Je note avec satisfaction que la Côte d'Ivoire est, de manière irréversible, engagée sur la voie de la démocratisation totale. Le véritable défi auquel elle doit faire face est de tout mettre en œuvre pour que les changements de régime, voire les alternances démocratiques futures, se fassent paisiblement sans la moindre contestation. Ce challenge majeur est à la portée du pays à condition que l'on joue franc jeu, et que l'on n'use pas du tribalisme et de la religion pour la conquête du pouvoir politique, à condition aussi que l'armée, garante de l'intégrité territoriale et de la sécurité des personnes et des biens, accepte de jouer son rôle sans la moindre interférence dans les affaires politiques, domaines réservés aux professionnels de la politique. Par conséquent, je propose que l'usage du tribalisme et de la religion dans la conquête du pouvoir politique soit proscrit. Cette proscription doit être concrétisée par une loi, prévoyant des peines et autres formes de sanctions à tout politicien, à tout religieux qui en userait dans l'exercice de ses fonctions. Par ailleurs, je propose que le marché politique du pays soit dominé par deux grands partis politiques : l'un se fondant sur les valeurs de la droite, et l'autre sur les valeurs de la gauche. Si toutes les sensibilités politiques pouvaient s'articuler autour de deux grandes forces politiques, cela permettrait d'éviter les implications tribalistes et religieuses dans la vie politique ivoirienne. Les exemples américain et anglais sont assez édifiants en la matière. J'ai profondément foi que dans les faits, dans un pays où co-existent plus de soixante groupes ethniques et où les relations religieuses sont quelque peu conflictuelles (de par le fait des politiciens), un marché politique partagé entre deux principaux acteurs (modèle droite-gauche) serait l'unique voie permettant d'éviter les conflits tribaux et religieux, naturellement à condition qu'un travail de base conséquent soit fait au niveau de l'électorat autour des vertus de la gauche et de la droite, et non sur fond d'appartenance ethnique ou religieuse. Je propose qu'un référendum soit organisé à cette fin pour permettre au peuple de Côte d'Ivoire de se prononcer sur ce couplage gauche/droite qui devrait désormais dominer le marché politique de ce pays.

Par ailleurs, j'estime que, pour consolider la démocratie en Côte d'Ivoire, une des pistes à explorer réside dans l'abrogation de la « transhumance » politique au niveau de l'Assemblée nationale. Il faut donner à la démocratie ivoirienne toutes les chances de s'épanouir. Un des dangers qui guettent les démocraties naissantes, voire les jeunes démocraties, réside dans la « transhumance » politique des parlementaires. Se faire élire sous la bannière ou sous les auspices d'un parti politique donné et le quitter pour rejoindre un autre parti au cours de la législature est un comportement à interdire par une loi. Car cette « transhumance » est de nature à fragiliser les démocraties; à affaiblir les oppositions et à faire basculer le pays dans le camp de la dictature ou de la pensée unique. Dans la loi visant à proscrire le comportement des transhumants opportunistes, il faut souligner clairement que tout parlementaire qui se comporterait ainsi perdrait systématiquement son titre de parlementaire et *de facto*, son immunité parlementaire.

Inventer un nouveau mode de gouvernement

Dans l'hypothèse où la démocratie grecque aurait du mal à s'épanouir en Côte d'Ivoire, pour des raisons essentiellement tribales et religieuses, je proposerais qu'un nouveau mode de gouvernement y soit expérimenté. Ce nouveau schéma gouvernemental abondamment décrit dans un ouvrage intitulé *Les Chemins du Développement de l'Afrique*, se fonde sur l'émergence des « Etats-Régions »[20] à l'intérieur de la Côte d'Ivoire.

Les Etats-Régions se fondent sur l'espace géographique des peuples partageant la même culture ou la même civilisation. Ainsi, sur la base d'un minimum commun à tous les « Etats-Régions », notamment à travers les invariants représentant les libertés de penser, de circuler, d'entreprendre, etc., chaque État devrait concevoir le mode et les règles de gouvernance qui s'inspirent de l'évolution de ses mœurs et de la dynamique qu'il voudrait insuffler à sa

20 Cf Kouassi N.R. (2008) *Les Chemins du Développement de l'Afrique*, éd. L'Harmattan, Paris

culture. Les régions, est-on enclin à indiquer, nées des politiques de décentralisation, si elles sont nanties de moyens financiers et humains adéquats, peuvent être des substituts aux « Etats-Régions » que je soumets à la réflexion des experts ivoiriens de la sociologie politique. Mais les « Etats-Régions » tels que je les conçois ne seront pas assis ou ne seront pas à cheval sur plusieurs communautés ayant des cultures fondamentalement différentes. Dès lors, des consensus liés au respect de la culture commune, indépendamment de la hiérarchie sociale de la personne, peuvent y être aisément scellés, permettant ainsi toute exclusion à caractère tribal. Pour soutenir ma démarche, je note que l'usage de la langue française comme langue officielle, n'a pas encore permis d'effacer les clivages linguistiques entre les peuples. La langue du terroir, voire de sa tribu, constitue jusqu'à nos jours une source d'identification de la personne. Ne pas savoir la parler est même considéré comme un signe d'acculturation, et aussi de marginalisation à l'égard de sa tribu. Or, la configuration linguistique en Côte d'Ivoire, est telle qu'il apparaît extrêmement difficile de choisir une langue pour en faire une langue nationale. De nos jours, toute action allant dans ce sens ne peut qu'être une source de conflits aux contours indéfinissables. Le niveau atteint par les réflexes tribaux n'autorisant pas une telle approche, les « Etats-Régions » apparaissent donc comme une solution intermédiaire susceptible de générer un consensus national dénué de toute haine tribale, d'autant plus qu'un tel consensus national serait l'émanation (ou le reflet) des consensus obtenus au sein des « Etats-Régions ».

Alors, une question fondamentale se pose tout de même. Comment s'organiserait le pouvoir fédéral et quels « Etats-Régions » en détiendraient les leviers de commande? Pour répondre à une telle question, je propose l'usage du jeu des coalitions ou des collusions pour dégager une majorité parlementaire qui, à son tour, choisirait son leader en se fondant sur des critères clairement définis.

Il est important de souligner que mon schéma gouvernemental n'est opérationnel que lorsque certaines conditions sont réunies :

i) Pas de multipartisme dans les « Etats-Régions » ;
ii) Soumission à une autorité, dépositaire des valeurs traditionnelles et, *de facto*, garante de la sécurité et de l'épanouissement des peuples ;
iii) Les électeurs d'un « Etat-Région » n'influencent pas le vote dans les autres Etats (donc n'y votent pas) ;
iv) Le pouvoir central ou fédéral doit être assuré par au moins deux (2) « Etats-Régions » ;
v) La coalition ou la collusion d'Etats pour le pouvoir fédéral doit être soumise au référendum dans chaque « Etat-Région » sur la base de leurs différents projets de société ;
vi) Les États coalisés ne peuvent exercer le pouvoir central au-delà de deux mandats ;
vii) Le mode de désignation des parlementaires est propre à chaque État ;
viii) Les parlementaires sont désignés ou élus en fonction de certaines valeurs morales ou éthiques, et non sur la base des idéologies qu'ils incarnent.

Ce schéma présente, à mes yeux, des intérêts certains susceptibles de conférer stabilité et sécurité à l'intérieur des Etats hérités de la colonisation. Ainsi, il permet d'endiguer le tribalisme, de susciter des coalitions qui, dans leur renouvellement dans le temps, constituent une pratique démocratique apaisée, d'entretenir la pluralité culturelle dans un climat de cohabitation pacifique, et d'assurer un équilibre politique et social durable.

Somme toute, la réalisation d'un tel équilibre à l'intérieur d'un « Etat-Région », gage de stabilité, est de nature d'abord à favoriser l'intégration de l'économie nationale, ensuite à produire un effet induit positif sur la dynamique de l'intégration régionale et continentale. Comme je le souligne plus haut, cette analyse ne constitue qu'une modeste contribution aux nombreuses réflexions consacrées à l'intégration économique et sociale de l'Afrique. Le tribalisme, dans ses manifestations multiples, notamment celles qui sont liées à l'esquisse d'application de la démocratie grecque, menace d'effondrement les Etats nés de l'époque coloniale. Dès lors, pour garantir la stabilité politique et sociale et promouvoir le développement, il s'avère de plus en plus impérieux d'imaginer, pour la quasi-totalité des pays africains, une structure d'Etat susceptible de contenir le fléau de l'exclusion et, *de facto*, de réussir l'intégration continentale. La démocratie, a-t-on coutume de dire de l'autre côté de l'Atlantique, est une valeur universelle. L'universalité qui la caractérise laisse entrevoir qu'elle recèle des vertus scientifiques, alors que la science (les sciences sociales non comprises) détient son caractère universel de ce que, par exemple 2 + 2 = 4, et cela dans le temps et dans l'espace. Si la démocratie est universelle, donc scientifique, pourquoi son développement dans les pays pauvres, et particulièrement en Afrique, pose-t-il des problèmes? Pourquoi l'équation démocratique des pays riches ne se vérifie-t-elle pas sous les tropiques? Le fait que la même équation donne des résultats différents selon la zone d'application montre que la démocratie est du domaine social, et donc non universelle dans son application à travers le monde. Si les rapports de forces du moment, favorables à l'Occident, sont tels que celui-ci impose au reste du monde ses valeurs démocratiques, il apparaît aussi important que l'on soit tolérant et patient à l'égard des pays qui essayent, à leur corps défendant, d'expurger leur patrimoine culturel pour s'accommoder de la démocratie occidentale. Au demeurant, en l'état actuel du niveau de développement des pays africains et eu égard à la montée du tribalisme chez les intellectuels et les politiciens, il serait souhaitable soit d'expérimenter le modèle présenté ci-dessus, soit d'imaginer un système qui favorise une alternance démocratique sans élections dont les résultats sont toujours contestés et donnent lieu à des bains de sang.

Peut-on développer un système politique qui conduise à une alternance démocratique, mais sans procéder à des élections générales en Côte d'Ivoire? L'expérience mérite d'être tentée.

La gouvernance économique

Ici gouverner autrement la Côte d'Ivoire, c'est mettre en œuvre des politiques et stratégies visant à procurer le bien-être à toutes les populations (rurales comme urbaines) de ce pays. Dans cette perspective, l'on doit veiller à la juste répartition des fruits de la croissance, ce qui est de nature à étouffer dans l'œuf toutes les sources de frustration et d'instabilité politique et sociale. Ici, je souscris entièrement à l'assertion énoncée par Stigliz selon laquelle « si la croissance économique n'est pas partagée dans toute la société, c'est que le développement a échoué »[21]. Autrement dit, la bonne gouvernance économique est synonyme d'élaboration et de la mise en œuvre effective d'une politique économique génératrice de croissance économique forte et durable qui débouche sur un développement susceptible de répondre aux rêves de la majorité des populations ivoiriennes. Selon l'analyse économique, la politique économique est un ensemble de décisions cohérentes prises par les pouvoirs publics et visant, à l'aide d'instruments variés, à atteindre des objectifs précis afin d'orienter l'économie dans un sens souhaitable. Ici, le mot

---

21 Stiglitz J.E. (2006) *op. cit.*

« souhaitable » revêt tout son intérêt. Doit-on orienter la politique économique dans le sens de créer une croissance forte et durable dans le sens d'une juste répartition des fruits de la croissance dans le sens d'un plein-emploi, dans le sens de réduire significativement les inégalités sociales, dans le sens d'éviter une fracture sociale, dans le sens de créer ou de développer les opportunités d'enrichissement individuel dans le sens de favoriser les riches en appauvrissant davantage les pauvres, dans le sens de la stabilité des prix ou dans le sens d'un équilibre extérieur ?

Il appartient donc aux pouvoirs publics de trouver un consensus autour de l'axe ou des axes à privilégier et d'élaborer une politique économique à mettre en œuvre à cette fin.

Favoriser la mise en place des zones franches urbaines et régionales

Selon le lexique économique, la zone franche est un territoire au sein duquel les entreprises sont soumises à des charges sociales et fiscales plus faibles. Une telle politique répond à un double objectif : la résorption du chômage et la reconversion industrielle. Dans cette logique, je propose que certaines villes de Côte d'Ivoire soient érigées en zones franches, du moins certains quartiers de ces villes. L'on pourrait accorder aux entreprises qui accepteraient de s'y implanter, aux opérateurs économiques qui accepteraient d'y conduire leurs affaires des exonérations fiscales et sociales durant dix à quinze ans. Ainsi, ces entreprises ou ces opérateurs économiques pourraient être exemptés de l'impôt sur les bénéfices d'un montant à déterminer et de bien d'autres charges à caractère attractif.

Cette politique d'incitation à une localisation des entreprises mérite d'être expérimentée tant dans les villes que dans les régions. Les résultats attendus en termes de création d'emplois, voire de réduction de la pauvreté, sont certainement considérables. En outre il faut noter qu'une telle politique est de nature à développer des activités dans les régions défavorisées et à endiguer ainsi les disparités régionales en assurant une harmonisation du processus du développement national.

Multiplier les pôles de développement

Un pôle de développement est, selon F. Perroux, constitué par le regroupement d'activités caractérisées par une forte accumulation de capital et des innovations technologiques[22]. Ces pôles de développement exercent des effets d'entraînement favorables au développement économique d'une région, d'une branche industrielle, d'une nation. Ils aboutissent donc à des déséquilibres dynamiques et se situent dans une perspective de croissance déséquilibrée. Car pour F. Perroux, il ne peut y avoir de croissance et de développement sans concentration et expansion[23]. La multiplication des pôles de développement sur le territoire ivoirien est de nature à accélérer le processus du développement du pays. La mise en œuvre d'une politique de zone franche peut y contribuer énormément. Ici également, les effets d'entraînement escomptés sont immenses. La Côte d'Ivoire pourrait réaliser des progrès considérables sur les fronts du chômage, de l'industrialisation, des inégalités régionales, de l'innovation technologique et de l'exode rural.

---

22 A. BEITONE, A. CAZORLA, C. DOLLO, A.M. DRAI (2007), *Dictionnaire des Sciences Économiques,* éd. Armand Colin, 2e édition

23 Le pôle de développement se distingue du pôle de croissance. F. Perroux définit le pôle de croissance comme une combinaison de centres d'accumulation et d'agglomération de moyens humains et matériels qui exerce sur son environnement, des effets d'entraînement favorables à la croissance économique. Cf A. BEITONE, A. CAZORLA, C. DOLLO, A.M. DRAI (op. cit.).

Mieux encadrer la pluriactivité des ménages

Ici, je propose que chaque Ivoirien fasse le travail pour lequel il est qualifié, tout en évitant de faire le travail des autres. Ce qui représenterait l'avantage de mieux accomplir ce travail, de mieux s'émanciper, et d'être plus performant à la tâche. En outre, ce comportement présenterait l'intérêt d'éviter une concurrence déloyale de nature à désœuvrer une partie importante de la population active, et à réduire au silence, voire, à étouffer dans l'œuf des talents et des génies créateurs.

L'idée ici, c'est qu'un salarié[24], par exemple, ne doit faire que le métier pour lequel il perçoit son salaire. Il ne doit pas se lancer dans d'autres secteurs d'activité comme l'agriculture, la vente des matériaux de construction, le transport, l'élevage, la pisciculture, la restauration… Car s'il le faisait avec des moyens financiers plus importants, il introduirait une âpre compétition dans ces secteurs qui, à terme, risquerait d'éliminer tous les concurrents à faible revenu. Ceux-ci seront, sans nul doute, réduits au chômage s'ils n'ont pas l'opportunité de se reconvertir, ce qui les empêchera de traduire dans les faits leur génie créateur. De même un « corps habillé » doit se consacrer à son métier et éviter de s'investir dans le transport, dans l'hôtellerie, dans le bâtiment… Il en est de même du professeur qui doit s'adonner entièrement à son métier sans nourrir de velléités d'être acteur dans d'autres secteurs. Ces exemples peuvent ainsi se multiplier. Je sais que la raison explicative de ce genre de comportement réside, soit dans l'insuffisance, voire la faiblesse du revenu des ménages en Côte d'Ivoire, soit dans la recherche d'autres sources de revenus pour pallier l'insuffisance des salaires lorsque l'on est encore en activité,

---

24Ici, je fonde mon argument sur le fait que ce salarié perçoit une rémunération suffisante qui lui permette de faire face à tous ses besoins. Il peut s'agir d'un Professeur, d'un Médecin, d'un « corps habillé », d'un Magistrat, d'un Banquier, etc….

et pour mieux vivre sa retraite du fait de l'insignifiance des pensions de retraite. Pour ma part, la solution à cette situation n'est pas la promotion de la pluriactivité des ménages en raison de ses conséquences décrites plus haut. La solution réside dans l'amélioration significative des rémunérations. Les pouvoirs publics doivent développer et mettre en œuvre des politiques visant à améliorer constamment le pouvoir d'achat des citoyens. Ainsi, les salaires doivent être annuellement révisés et indexés sur le coût de la vie, ce qui est de nature à étouffer les velléités de pluriactivité, à éviter une concurrence sauvage dans les secteurs, branches ou filières d'activité, et à permettre à chaque Ivoirien de s'épanouir dans son travail et de vivre décemment de son travail.

Créer un Bureau Ivoirien d'Éthique et d'Anti-corruption

Pour réussir l'entreprise de la bonne gouvernance, il est extrêmement important de mettre en place une structure de surveillance visant à l'encadrer. Cette structure de contrôle pourrait être dénommée Bureau ivoirien d'éthique et d'anti-corruption (BIEAC). Ce Bureau jouerait le rôle de gendarme dans le respect des valeurs éthiques et dans la dénonciation de tous les comportements liés à la corruption sous toutes ses formes. En outre, il aurait des antennes ou des branches régionales pour lui permettre de couvrir toute l'étendue du territoire national. Ses activités s'étendraient à tous les secteurs de la vie politique, économique et sociale de la Côte d'Ivoire. Il serait doté de tous les moyens lui permettant de collecter toutes les informations nécessaires à l'exécution de son mandat. Je propose que le BIEAC jouisse d'un statut similaire à celui de l'Institut ivoirien de la Stratégie (voir infra).

La bonne gouvernance, comme on vient de le voir, est une denrée que tous les Ivoiriens sont contraints de consommer. C'est une vertu à partager. On ne doit pas l'exiger des seuls dirigeants de ce pays. Chaque citoyen Ivoirien doit se l'approprier et en user dans l'exercice de ses fonctions quotidiennes. La Côte d'Ivoire en sortira grandie, développée et prospère dans l'intérêt supérieur de ses populations.

Somme toute, la bonne gouvernance doit guider chaque Ivoirien dans son comportement de tous les jours. Si donc chaque citoyen ivoirien acceptait de s'appliquer les règles de la bonne gouvernance, cela rejaillirait indubitablement sur la gouvernance économique et politique nationale. L'acte que pose quotidiennement chaque Ivoirien, particulièrement celui des décideurs politiques et économiques, contribue, soit à abîmer le pays, soit à bâtir le pays.

Oui, une autre Côte d'Ivoire est possible à condition que les administrations successives de ce pays mettent en place, en les traduisant effectivement dans les faits, de bonnes politiques économiques, couplées à une bonne gouvernance économique et politique, et que chaque Ivoirien s'inspire profondément des vertus de cette gouvernance dans son comportement de tous les jours.

Chapitre III :

Faire de la Sécurité un facteur d'épanouissement de l'homme et de ses activités

Un environnement sécurisé est un environnement propice à l'épanouissement de chaque être humain et de toutes ses entreprises. Dans un tel milieu où la sécurité est totalement assurée, les hommes et les femmes s'épanouissent aisément et, *de facto*, parviennent à mettre en œuvre leurs agendas privés ou à traduire dans les faits les opportunités qui s'offrent à eux. De même l'environnement sécurisé rend le pays potentiellement attractif pour les investisseurs étrangers. C'est pourquoi je propose que dans la dynamique d'une nouvelle gouvernance en Côte d'Ivoire, toutes les mesures soient prises pour que ce pays soit un havre de paix et de sécurité pour ses habitants et leurs biens, ainsi que pour tous ceux qui ont choisi d'y vivre.

Réhabiliter les services de la police

Il est une vérité quasi-universelle qui dit que « l'insécurité est le pire ennemi des investisseurs ». L'insécurité chasse toujours l'investisseur, qu'il soit étranger ou local. La sécurité des personnes et de leurs biens constitue donc un des facteurs explicatifs les plus déterminants de la mobilisation des investissements directs étrangers. L'État de Côte d'Ivoire doit donc tout mettre en œuvre, quel qu'en soit le coût, pour apporter la sécurité dans tous les coins du pays. Pour y parvenir, je propose les remèdes qui vont suivre. Ici, il est important de souligner que la police ivoirienne est à restructurer tant dans son esprit, dans le contenu de sa formation que dans son mode de recrutement.

Au niveau de l'esprit, force est de reconnaître qu'aucune police ne peut être efficace si elle n'est pas habitée, voire animée par une âme nationaliste. Ici, le nationalisme pour moi n'est pas perçu comme la xénophobie. En revanche, il est analysé comme l'affirmation de l'amour pour son pays, la volonté affichée de manière désintéressée de servir les intérêts de celui-ci, et la croyance dans la participation à son développement. Ce nationalisme-là devrait être une des vertus les mieux partagées en Côte d'Ivoire. La police nationale doit donc s'y abreuver afin de contribuer efficacement à l'établissement de la sécurité sur toute l'étendue du territoire national. Cet esprit nationaliste, tel que défini, doit être un des éléments constitutifs du programme de formation à l'École Nationale de Police. Ce programme mérite d'être revu et corrigé pour tenir compte de l'évolution de la réalité aux plans national, régional et international.

Par ailleurs, il est d'une importance extrême de revisiter le système de recrutement des élèves policiers. Un système d'évaluation novateur intégrant la moralité, le refus de la corruption, l'intégrité, l'engagement irréversible pour l'intérêt supérieur de la nation devrait être mis en place. Toutefois, il reste entendu que l'État, par des actions vigoureuses, doit aider le corps policier à être efficace dans l'exercice de ses fonctions. Entre autres structures incitatives que l'État doit mettre en place pour accompagner les policiers dans l'accomplissement de leurs tâches de maintien d'ordre et de sécurité, se trouve dans l'établissement d'une assurance couvrant le risque, dans toutes ses formes, que comporte leur métier et qui paraît le plus fondamental. Une telle assurance, fondée sur des cotisations à la source, avec une contribution de l'État pour chaque policier, devrait être fiable et crédible. L'État doit y veiller avec les moyens de coercition dont il dispose. Par exemple, si le policier cotise à hauteur de 2% de son salaire de base, l'État doit l'assister à concurrence de 3% de ce même salaire. Ces facteurs incitatifs liés à la couverture des risques de ce métier spécial sont de nature à arracher les policiers de leur sommeil et de toute velléité de corruption et à les encourager à pourchasser les criminels où qu'ils se trouvent.

Développer une synergie d'actions entre policiers, gendarmes et militaires

Ici, l'idée est de créer une unité spéciale composée de tous les corps habillés pour mener des opérations ponctuelles de manière répétée dans les quartiers précaires, des affaires, et dans ceux où résident les détenteurs d'investissement en Côte d'Ivoire. Cette unité pourrait être éclatée en plusieurs bataillons pour conduire des opérations simultanées dans une ville donnée ou dans une région donnée.

Les zones de transit, décrites plus haut, où coexistent tous les corps habillés auraient aussi un rôle sécuritaire à jouer. Ainsi, lorsqu'un braquage d'automobile aurait lieu, les forces présentes sur ces zones seraient immédiatement informées. Le verrouillage des villes à travers ces zones serait un instrument qui empêcherait les braqueurs de quitter les villes avec leur marchandise, ce qui favoriserait les recherches menées par la police. De même, le « chargement » et le « déchargement » des camions dans ces zones empêcherait certains camionneurs véreux, complices des braqueurs, d'embarquer ou de débarquer la voiture volée, soit en entier, soit en pièces détachées. Par ailleurs, là où la sécurité serait fortement menacée, il serait vivement recommandé de laisser l'armée conduire ponctuellement des opérations musclées avec les moyens et les méthodes militaires.

Mettre en place dans les centres urbains une police de proximité

Dans la perspective de la restructuration des services de la police, je suggère qu'un pan de la police ivoirienne soit érigé en police de proximité car pour réussir la mise en œuvre de la politique ou de la stratégie sécuritaire, il est extrêmement urgent que les policiers patrouillent en permanence dans les rues et les ruelles des villes et des quartiers de nos villes, qu'il soient placés à des endroits névralgiques, voire stratégiques des grands centres urbains. La sécurité des personnes et de leurs biens fait partie du devoir régalien de l'État. Les pouvoirs publics de Côte d'Ivoire doivent donc y veiller comme à du lait sur le feu d'autant plus que la bonne sécurité des personnes et des biens constitue un gage important de la confiance des investisseurs dans un pays donné. Une patrouille permanente avec des groupes de 2, 3 policiers qui se relaient également en permanence jouera un rôle de prévention et de dissuasion. Mais la condition du succès d'une telle opération est, entre autres, la motivation salariale, le profil de carrière clairement défini et connu, la couverture pour une assurance contre les risques encourus (décès, invalidité, soins médicaux…).

Par ailleurs, la police de proximité ne peut produire les résultats escomptés sans la collaboration constante des populations à protéger. Cette collaboration doit se manifester en termes de partage d'informations, de dénonciation des mouvements suspects, de dénonciation des comportements insolites d'individus… En cette matière, les modèles de réussites de certains pays peuvent constituer une source d'inspiration. La police de proximité, c'est une police véritablement intégrée aux populations. Il existe une parfaite symbiose, une réelle relation d'assistance mutuelle, voire une sincère complicité pour traquer ceux qui perturbent la paix, ceux qui enfreignent la loi, ceux qui constituent un frein à l'évolution de la société. Une telle police est d'abord conseillère, éducative, anticipative, dissuasive, persuasive, protectrice avant d'être répressive.

Développer une solidarité avec les pays voisins en matière sécuritaire

Cette solidarité est une impérieuse nécessité. Elle doit s'inscrire dans le cadre de la coopération régionale. Aucun pays ne doit accepter d'abriter les criminels ou les délinquants en provenance d'autres pays. En d'autres termes, aucun pays ne doit accepter d'être le sanctuaire des bandits ou autres qui écument les autres pays. De telles dispositions peuvent, assez souvent, être sanctionnées par des patrouilles conjointes des forces de l'ordre aux frontières des pays, ce qui est de nature à renforcer la confiance mutuelle et à favoriser la coopération dans la lutte contre l'insécurité.

Les Forces de Défense et de Sécurité (FDS) : un devoir républicain

La république, rien que la république, doit être le seul credo politique. La défense du territoire de la république et de ses institutions doit être au cœur du mandat des armées. Toute armée qui se détourne de ce rôle historique s'érige, *de facto*, en milice au service du prince. L'armée républicaine doit s'ancrer dans les valeurs tout aussi républicaines. Ainsi, le recrutement des soldats, les promotions dans la grande muette ne doivent obéir ni au tribalisme ou l'ethnocentrisme, ni au « co-religionarisme ». Les seuls critères à appliquer doivent se fonder sur la citoyenneté et le mérite. Car si ces vertus ne gouvernent pas l'évolution de l'armée, celle-ci s'expose aux manipulations de tout genre, susceptibles soit d'affaiblir l'armée elle-même, soit de favoriser ou de faciliter le recrutement dans ses rangs d'aventuriers pour constituer ou renforcer les rébellions tribales ou réformistes armées.

En outre, il s'avère extrêmement important d'améliorer constamment les conditions de vie et de travail des militaires qui ont la lourde responsabilité de défendre les frontières et de protéger les institutions républicaines. La spécificité de cette tâche, ainsi que les risques encourus dans son exécution par les pensionnaires de la grande muette doivent être pris en considération. De même, il est aussi urgent de tout mettre en œuvre pour assurer la formation continue des soldats et de leur hiérarchie. Car, comme dirait l'autre, un soldat sans formation constitue un danger potentiel permanent pour la communauté. La formation dans ce segment de la société doit être une des priorités des régimes républicains. La raison essentielle est que la formation est de nature à enseigner aux soldats les vertus de la république, à enraciner en eux ces valeurs et, *de facto*, à les éloigner de toute « révolution de palais » ou de toute participation aux projets nuisibles des politiciens aventuriers.

Assurer donc la sécurité des citoyens et de leurs biens, fait partie intégrante des fonctions régaliennes de tout Etat moderne. Les autorités actuelles et futures de la Côte d'Ivoire doivent donc faire de la sécurité un des piliers de leurs programmes de gouvernement. Pour réussir dans cette autre opération, il convient d'accorder toute l'attention requise à tout le « corps habillé ». L'on doit veiller à l'épanouissement intégral de ce corps pour lui permettre d'exercer ses tâches avec honneur, dignité, bravoure, et détermination.

Par ailleurs, il est à noter le succès de l'opération sécuritaire exige que les citoyens coopèrent avec les pouvoirs publics et les corps de défense et de sécurité. Ici, les citoyens sont invités à fournir, délibérément, les informations de nature diverse pouvant aider le « corps habillé » dans la mise en œuvre de son mandat.

CHAPITRE IV :

FAIRE DE L'ÉDUCATION LA CLÉ DU DÉVELOPPEMENT ÉCONOMIQUE ET SOCIAL

De nos jours, l'éducation s'impose comme la clé incontournable du succès de toute communauté et de tout citoyen du monde. La Côte d'Ivoire, et les Ivoiriens ne peuvent échapper à cette réalité quasi-universelle. Les administrations qui auront à se succéder à la tête de ce pays doivent faire de l'éducation des Ivoiriens un des piliers de leurs programmes de développement. Dans l'ouvrage précédent que j'ai intitulé *Les Chemins du Développement de l'Afrique*,[25] je note que l'autre nom du développement c'est la maîtrise de la Recherche et des résultats qui en découlent. C'est pour dire tout simplement que le développement, c'est le fruit de la Recherche entreprise avec ardeur dans les laboratoires de Recherche. Ce n'est donc pas le fruit du hasard. Et comme le dirait l'autre, le développement sort des Universités et des Grandes Ecoles. C'est la matérialisation des fruits du savoir. Selon l'adage, il n'y a pas de salut sans la connaissance.

Cette vérité, déjà comprise par l'Europe et les Etats-Unis depuis belle lurette ainsi que par les pays asiatiques et d'Amérique latine depuis quelque temps, reste aujourd'hui encore incomprise par la quasi-totalité des pays d'Afrique et pour cause. Les dépenses consacrées à l'éducation nationale et à la recherche constituent une part décroissante dans les budgets nationaux. Et pire encore, l'école et la recherche sont sacrifiées sur l'autel de l'austérité budgétaire appliquée dans le cadre de l'adoption des vertus de l'économie de marché, à la requête des Institutions de Bretton Woods.

25 Kouassi N.R. (2008) *op.cit* p. 210.

L'école et la recherche sont donc les premières victimes budgétaires lorsque les pays sont invités à « dégraisser » les budgets nationaux, dès l'apparition de la moindre crise économique. L'Afrique doit donc corriger le comportement qui accroît sa dépendance scientifique et technologique, en accordant à la recherche, *lato sensu*, une extrême priorité, ce qui lui permettra de rompre définitivement avec les économies caractérisées par des pénuries, de se positionner durablement sur les sentiers de la croissance et du développement et de conférer le bien-être à ses populations.

A la lumière de ce qui précède, l'École ivoirienne doit être placée au cœur des priorités de toutes les administrations que connaîtra ce pays.

Réhabiliter la politique de formation et d'éducation

Dans ce domaine, beaucoup a été fait. Mais beaucoup reste encore à faire. L'on doit refuser de sacrifier la formation des Ivoiriens sur l'autel d'une quelconque austérité budgétaire. Les efforts de développement des infrastructures de formation doivent être poursuivis quel qu'en soit le coût pour les contribuables ivoiriens. Pour ce faire, je propose prioritairement de recueillir la participation des employeurs du secteur privé. En effet, ces employeurs emploient des travailleurs sans avoir contribué au financement de leur formation. On peut donc instituer une taxe annuelle sur un élément particulier de leur bilan. Ce prélèvement obligatoire serait alors placé dans un fonds qui servirait à soutenir les efforts de l'État dans le développement des infrastructures de formation. Bien entendu, il faut fixer un taux qui ne soit pas trop contraignant pour les entreprises, c'est-à-dire un taux qui ait un impact limité sur les charges de ces dernières. Je propose, par exemple, que ce taux soit fixé à 1 et à 2% de la valeur ajoutée de chaque moyenne et grande entreprise, respectivement.

De même il faut impérativement réexaminer régulièrement les frais d'inscription dans les universités et grandes écoles. Ces frais doivent varier selon les contraintes du moment. Bien entendu, les étudiants étrangers, comme cela est la règle dans la plupart des pays, doivent payer beaucoup plus que les nationaux. Ceci permettrait d'accroître les fonds propres de ces institutions de formation et *de facto* d'alléger les charges de l'Etat.

En outre, il est une impérieuse nécessité de poursuivre les efforts de décentralisation des structures de formation universitaires. En d'autres termes, c'est un impératif de doter toutes les grandes régions de Côte d'Ivoire d'instituts de formation universitaire. Corrélativement, des mesures d'incitation à la fonction d'enseignant doivent être prises pour attirer les jeunes vers ce noble métier.

Par ailleurs, la régionalisation des académies pour les examens comme le CEPE, le BEPC et le BAC mérite d'être expérimentée. Mais les diplômes doivent conserver leur valeur nationale. De même, les centres nationaux des œuvres universitaires doivent être gérés de manière autonome, selon les méthodes de gestion du secteur privé. A cet égard, le mode de gestion des œuvres universitaires en France peut être retenu comme modèle.

Dans la perspective de la réhabilitation de l'École de Côte d'Ivoire, je propose qu'un accent particulier soit mis sur les formations intermédiaires. De la classe de troisième des lycées et collèges à l'université, les structures existantes méritent d'être profondément reformées. La tendance actuelle privilégie la formation de l'élite au détriment des formations intermédiaires axées sur les besoins de l'économie et permettant aux jeunes bénéficiaires desdites formations d'être immédiatement opérationnels sur le marché de travail. Ainsi, je propose que les pouvoirs publics multiplient les centres de formation technique, les instituts techniques, les instituts de formation professionnelle... « En Inde, l'État a semé les graines du futur succès. Il a créé plusieurs instituts scientifiques et technologiques, et fait dans l'éducation et la recherche des investissements. Bangalore est aujourd'hui la capitale des technologies de l'information en Inde »[26]. Ces structures porteraient sur tous les secteurs de la vie économique et sociale du pays. L'on pourrait y orienter les élèves à partir de la classe de troisième. Ainsi ceux qui jouissent des atouts pour appartenir à l'élite par l'entremise des études supérieures accéderaient à celles–ci et tous ceux qui n'auraient pas les aptitudes requises s'orienteraient vers les structures déjà évoquées pour compléter leur formation. Ces structures techniques reflèteront, bien entendu, en s'ajustant dans le temps, la configuration de l'économe nationale. Un équilibre serait alors trouvé entre les formations intermédiaires et les formations conduisant à l'élitisme. Une telle démarche, bien pensée et bien encadrée, permettrait non seulement à la Côte d'Ivoire de mieux faire face au chômage qui frappe sa jeunesse, mais encore permettrait à cette jeunesse d'être plus compétitive sur le marché intérieur de l'emploi et sur les marchés du travail régional, continental et international. Car le danger qui guette la jeunesse ivoirienne d'aujourd'hui, c'est la perte de compétitivité sur le marché du travail intérieur comme extérieur. La mise en œuvre d'une politique de formation fondée sur les besoins de l'économie nationale contribuerait substantiellement à y remédier.

26 Stiglitz J.E. (2006) *op.cit*

Instruire les jeunes et leur trouver des emplois décents

« Instruire les gens sans avoir d'emplois à leur donner est la recette de la rancœur et de l'instabilité, pas de la croissance »[27]

Une politique éducative cohérente, performante et débouchant sur le plein-emploi constitue une des voies les plus sûres pour détourner la jeunesse des appels des pseudo-révolutionnaires. Cette problématique, connue de tous, mérite qu'on lui trouve une solution efficace et durable. L'école doit donc être la « priorité des priorités » pour tous les régimes républicains. Comme dit l'adage, « l'école est la clé de la vie ». Tous ceux qui en sont exclus, pour des raisons diverses, sont exposés à toutes les vicissitudes de la vie. Selon A. Sen, Prix Nobel d'économie en 1998, l'instruction constitue le meilleur moyen de lutte contre la pauvreté. Dans cette logique, la probabilité pour un jeune non instruit de trouver un emploi décent, et donc de s'extraire de la pauvreté et de la misère, est loin d'être un événement certain. « La ressource la plus importante d'un pays est sa population et, si une grande partie de ses habitants ne peuvent pas mettre en œuvre leurs potentialités, parce qu'ils n'ont pas accès à l'éducation, ou parce qu'ils gardent toute leur vie les séquelles d'une malnutrition subie pendant leur enfance, le pays non plus ne pourra pas concrétiser son potentiel ».[28]

Les politiques économiques ou les stratégies à mettre en œuvre par les régimes républicains doivent toutes viser le plein-emploi. Pour y parvenir, l'on doit actionner une série de leviers de nature variée pour créer un environnement favorable à l'éclosion d'initiatives privées locales et

27 Stiglitz J.E. (*ibid*).
28 Stiglitz J.E. (*ibid*).

étrangères. A cette fin, les régimes républicains doivent inclure dans leurs priorités l'éradication de la corruption sous toutes ses formes, la suppression de toutes les situations de rente et, *de facto*, la mise en place d'un marché contestable pour la promotion des affaires où se développerait une concurrence saine entre opérateurs économiques. Dans une telle mouvance, le principe de la transparence doit guider tous les recrutements dans les secteurs public et privé. Dans le cas particulier du secteur public, l'organisation des concours administratifs et l'admission à ces concours ne doivent souffrir d'aucun favoritisme. Ici, la situation de rente, le népotisme, le clientélisme ne doivent pas avoir droit de cité. Le seul critère à faire valoir ici doit être le mérite, voire la compétence, car une telle approche est-elle de nature à dissiper les frustrations de tout acabit qui recèleraient en leur sein les ingrédients susceptibles d'alimenter les velléités de « révolutions de palais » ou l'avènement de groupes de mécontents ou de frustrés dans lesquels les aventuriers politiciens peuvent aisément recruter pour constituer les rébellions tribales. « Les écoles sans les emplois ne conduisent pas au développement, de même que la libéralisation des échanges, sans routes ni ports, ne stimule pas la croissance ».[29]

En revanche, une jeunesse instruite jouissant d'emplois décents est hors de portée des tenants du populisme en tout genre. Cette jeunesse-là résiste aux appels du « patriotisme tribal » ou du « patriotisme négatif » à la solde des intérêts du prince. L'instruction et l'emploi décent sont donc de nature à mettre la jeunesse à l'abri de tout populisme, de tout patriotisme négatif, voire destructeur, et de tout enrôlement à desseins tribaux ou religieux. « Les États d'Asie orientale ont compris que le succès exige la stabilité sociale et

---

29 Stiglitz J.E. (*ibid*).

politique, et que la stabilité sociale et politique exige beaucoup d'emplois et peu d'inégalité ». En vérité il importe de donner un sens positif au patriotisme en Afrique. Ici, le patriotisme sectaire, au service d'un régime politique, d'une tribu ou de la promotion d'agendas privés, n'a pas droit de cité. Le vrai patriotisme devrait être un comportement fondé sur la volonté de contribuer positivement à l'épanouissement de sa communauté, de son pays ou de son continent. Ici donc, le patriote, quel que soit son statut social, quelle que soit la nature de l'activité qu'il pratique, doit pouvoir influer positivement sur l'environnement dans lequel il vit et dans lequel il travaille. Ce patriotisme-là doit conférer fierté aux patriotes et même effleurer un nationalisme épanoui.

Ici, le patriote est fier de consommer les biens qu'il a contribué à produire, directement ou indirectement. Cette fierté le conduit, s'il est chercheur par exemple, à s'appliquer dans ses activités afin de contribuer à l'avènement de biens novateurs qui, à leur tour, contribueront au rayonnement de son pays. Les dirigeants de la Côte d'Ivoire doivent donc susciter au sein des populations ivoiriennes ce type de patriotisme qui porte en lui tous les ingrédients de vertus telles que l'émulation, le mérite, la bonne gouvernance économique et politique. Somme toute, un patriotisme autre que celui qui vient d'être décrit constitue l'incarnation même de l'anarchie, du clientélisme, de la gabegie, du népotisme, soit autant de maux qui recèlent en leur sein tous les ingrédients de la destruction d'une nation moderne.

Au total, les régimes républicains doivent se doter de tous les atouts possibles pour étouffer dans l'œuf tout embryon de « révolutions de palais » ou de rébellion tribale ou religieuse. Dès lors, ils doivent veiller, comme ils veillent sur la prunelle de leurs yeux, à la formation des pensionnaires de la grande muette et à l'amélioration constante de leurs conditions de travail, à l'éducation de la jeunesse, et à l'adoption de politiques ou stratégies de développement débouchant sur le plein-emploi. Lorsque ces conditions sont réunies, elles conduisent la jeunesse à se battre moins pour le maintien au pouvoir d'un régime qui, de temps en temps, leur distribue des miettes, que pour l'amélioration des conditions d'études ou pour l'épanouissement de la carrière professionnelle. Ces soldats-là, ces jeunes-là restent sourds aux sirènes des politiciens populistes et aventuriers.

Réhabiliter les internats dans les établissements secondaires et professionnels

C'est un secret de Polichinelle que les internats ont disparu des lycées et collèges de la Côte d'Ivoire à la requête pressante des Institutions de Bretton-Woods dans le cadre des programmes d'ajustement structurel (PAS) des années 80 et 90. Les autorités ivoiriennes de l'époque ont été contraintes de fermer les internats dans les lycées et collèges au nom de l'austérité budgétaire et de l'invitation faite aux pays africains par lesdites institutions d'adopter inconditionnellement les vertus de l'économie de marché symbolisées par le consensus de Washington. Les avantages que procure l'existence des internats à la jeunesse sont immenses et n'ont pas de contrepartie monétaire. Un internat est d'abord un lieu de vie commune. C'est aussi un lieu d'intégration des jeunes. Et enfin l'école, *lato sensu*, constitue un lieu républicain où vivent les jeunes, où ils apprennent à construire leur vie, à étudier, à s'imprégner des valeurs civiques et républicaines, indépendamment de leur ethnie, de leur culture, de leur religion et de leur coloration idéologique. Par ailleurs, l'internat, en accueillant des jeunes issus de milieux divers et variés constitue un laboratoire d'émergence d'une Côte d'Ivoire unie, solidaire, culturellement et religieusement intégrée.

A la lumière de ce qui précède (la liste des avantages potentiels d'un internat n'est pas complète), je suggère que les internats soient réintroduits dans les lycées et collèges ainsi que dans les établissements professionnels sur toute l'étendue du territoire national. Sans l'internat, beaucoup de cadres d'aujourd'hui n'auraient pu poursuivre, convenablement leur cursus secondaire et universitaire jusqu'à son terme. L'internat a permis aux enfants des paysans, des pauvres, des plus démunis d'exercer aujourd'hui de hautes fonctions de responsabilité. Réhabiliter donc les internats revient, en partie, à contribuer à remédier à la fracture sociale au sein des populations ivoiriennes.

Redéfinir le rôle de l'intellectuel ivoirien : la symétrie entre le devoir et les droits[30]

Ici, les chemins proposés revêtent un double aspect : un aspect endogène, dont les solutions relèvent des intellectuels eux-mêmes, et un aspect exogène dont les issues doivent provenir des pouvoirs publics de Côte d'Ivoire.

Solutions endogènes : Accepter un minimum de sacerdoce

Il doit être entendu que la fonction intellectuelle est d'abord une fonction sacerdotale. Elle exige le don de soi, voire un sacrifice personnel pour la promotion de la société à laquelle on appartient. Car la fonction intellectuelle consiste à se mettre entièrement au service de la société en proposant immédiatement des perspectives nouvelles, des solutions novatrices pour remédier aux blocages qui obstruent la progression de la société vers l'état de bien-être généralisé. De ce point de vue, la fonction d'intellectuel doit être moins

30 Pour des informations additionnelles, voir Kouassi N.R.9 2008), *op.cit*

perçue comme une voie d'enrichissement que comme un sacrifice constant au bénéfice de la société. Cette vérité historique les intellectuels ivoiriens en particulier et les intellectuels africains,en général, ne doivent pas la perdre de vue. Au contraire, ils se doivent de l'intégrer dans l'exercice de leur science, sous peine de s'éloigner de leur trajectoire initiale, voire de leur devoir historique.

Laisser la politique aux politiciens

Ici, la sagesse consiste à ce que les intellectuels ivoiriens s'adonnent entièrement à leurs sciences et abandonnent le marché politique aux politiciens. Car être concomitamment sur les deux terrains c'est être assis entre deux chaises, ou encore cela revient à mâcher simultanément dans ses deux bajoues. Certes, il n'est pas interdit d'adopter un tel comportement. Mais si on le fait, on accepte de produire des résultats médiocres des deux côtés. Autrement dit, être en même temps scientifique et politicien, c'est aboutir aux résultats de l'individu qui veut regarder le fond d'une bouteille avec les deux yeux en même temps. En clair, porter la double casquette du scientifique et du politicien, c'est signer un pacte avec la médiocrité. Car le scientifique – politicien conduira son peuple dans une aventure politique, lorsqu'il tiendra les rênes de l'Etat. Cela se traduit souvent, de par son fait, par l'avènement de conflits de toute nature, symbolisés par l'exclusion généralisée et le marasme économique dû essentiellement à un pillage organisé autour des intérêts du prince. De même, lorsque le scientifique – politicien se propose de s'adonner à sa science, c'est la médiocrité qui en résulte. La raison en est qu'il a perdu tous ses réflexes de scientifique ; il est vidé de sa substance scientifique, car elle a été mal entretenue ; il est déconnecté de tous les réseaux scientifiques ; il n'a plus, enfin, de point d'ancrage scientifique qui l'empêche de s'éloigner durablement de sa science. Les intellectuels ivoiriens doivent donc opérer un choix judicieux entre être scientifique et être politicien, et non être les deux en même temps. Tout au plus, ils peuvent jouer le rôle de conseillers dans la cour du prince ou auprès de son entourage.

Solutions exogènes : le devoir des pouvoirs publics

Ces solutions qui relèvent essentiellement des pouvoirs publics doivent être appliquées pour accompagner les intellectuels dans l'accomplissement de leurs tâches historiques.

Développer, grâce aux pouvoirs publics, des structures d'incitation à la recherche

En Côte d'Ivoire, comme dans le reste de l'Afrique, la recherche scientifique semble être le dernier des soucis. Les chercheurs travaillent dans des conditions moyenâgeuses. Les centres ou instituts de recherche sont démunis de tout équipement incitatif à la vraie recherche. Lorsque ces centres ou ces instituts en disposent (cas rarissime), ils cessent d'être opérationnels dès l'apparition de la première panne ou du fait tout simplement d'un manque d'entretien rigoureux et continu. En sus de la pénurie d'équipements et de moyens en tout genre pour effectuer la vraie recherche, les chercheurs ivoiriens bénéficient d'une rémunération largement insuffisante. Les salaires dont ils jouissent suffisent à peine à couvrir les frais de leur foyer et à nourrir leur famille. Pendant ce temps, dans le pays, l'on assiste à l'exhibition d'un luxe insolent par leurs concitoyens opérant dans d'autres branches ou secteurs d'activité. Ce dénuement total qui caractérise les chercheurs ivoiriens dans l'exercice de leur métier justifierait, en partie, leur exode vers les instituts de recherche des pays du Nord ou leur propension à s'adonner à l'activité politique. Cet état de fait mérite donc d'être corrigé pour non seulement inciter les chercheurs à la recherche, susciter des vocations dans ce domaine, mais encore pour atténuer la fuite des cerveaux ou l'exode des intellectuels ivoiriens vers les structures des pays développés ou vers les institutions internationales. Pour ce faire, la réhabilitation des instituts ou des centres de recherche déjà existants s'impose comme une priorité extrême. En outre, il faut lancer la recherche dans les secteurs stratégiques et doter conséquemment les instituts de recherche en ressources humaines, financières et techniques appropriées. De plus, des incitations salariales doivent être développées pour pousser les chercheurs ivoiriens à se consacrer entièrement à la recherche, et pour susciter auprès de la jeunesse des vocations dans ce secteur d'activités d'une nécessité vitale pour la Côte d'Ivoire tout entière.

Intégrer les résultats de la recherche dans les secteurs productifs

Les résultats de la recherche, quelle que soit leur qualité ou leur pertinence, ne servent à rien s'ils restent au niveau de l'abstrait. La problématique posée ici est celle de la déconnexion des instituts de recherche avec le secteur marchand dans son ensemble. Ainsi, les maigres résultats obtenus dans les conditions déjà évoquées sont archivés dans les armoires de ces instituts. Tout se passe comme si le secteur productif ivoirien n'avait de liens qu'avec les pôles de recherche ou les laboratoires des pays du Nord. Cela s'explique, en partie, par le fait que ce secteur productif demeure encore contrôlé par les intérêts du Nord. Mais cette dépendance peut-elle, à elle seule, justifier la déconnexion structurelle existant entre la recherche et le secteur productif ? Répondant par la négative, j'ose croire qu'ici les pouvoirs publics ont un rôle majeur à jouer. Ainsi doivent-ils développer le cadre stratégique de la recherche nationale en se fondant essentiellement sur la vision de développement admise de façon consensuelle et orienter les chercheurs en fonction des besoins de la production nationale. A cet égard, la parfaite communication entre pouvoirs publics et chercheurs, doublée de la prise en compte des besoins exprimés par les secteurs productifs dans les programmes de recherche, constitue un véritable gage du succès pour une recherche au service de la croissance et du développement.

Accepter l'esprit critique des intellectuels comme instrument de progrès et non de déstabilisation politique

L'esprit critique est l'une des caractéristiques fondamentales des intellectuels. Ne pas le laisser s'exprimer, c'est leur enlever une partie essentielle de leur être. C'est les priver des dispositions optimales d'exercice de leur métier. C'est, au final, les contraindre à ne pas être. L'expression, par les intellectuels, de leur esprit critique, en tout lieu et en tout temps, constitue la condition première de leur existence. Les pouvoirs publics, en général, sous le fallacieux prétexte de propos ou d'œuvres subversifs, empêchent les intellectuels de s'exprimer librement et entièrement dans leur art. Des pans entiers de la pensée humaine sont donc étouffés dans l'œuf, ou restent inconnus ou inexploités. Les intellectuels qui ont le courage d'exprimer leurs pensées sont soit contraints à l'exil forcé, soit l'objet de traitements arbitraires en tout genre qui, dans certains cas, leur enlèvent le souffle de la vie. Les pouvoirs publics ivoiriens doivent accepter d'adopter les vertus de la culture de la critique. La critique doit être perçue comme un facteur favorisant le progrès, et non comme un instrument de subversion. Dès lors, les pouvoirs publics doivent mettre fin à leur frilosité à l'égard de la critique et permettre aux intellectuels ivoiriens de s'exprimer pleinement. Car l'on ne doit jamais oublier que les progrès constituent l'accomplissement des rêves.

En somme, les intellectuels ivoiriens ont la responsabilité historique d'accompagner la Côte d'Ivoire dans son processus de développement. Ils ne doivent pas se détourner de cette mission première, sous prétexte de rencontrer des difficultés dans l'accomplissement de leurs tâches. Une mission de sacerdoce s'impose à eux. Donc, les dirigeants ivoiriens doivent développer les incitations à la recherche, accepter l'esprit critique des intellectuels comme instrument de progrès et non de subversion.

Créer un Institut ivoirien de la Stratégie (2IS)

Aujourd'hui c'est un secret de polichinelle qu'aucun pays, aucune entreprise humaine ne peut faire face aux défis actuels et futurs de ce millenium sans recourir à une stratégie. Ce concept, emprunté à l'armée, s'impose à toute l'humanité comme un passage obligé. Un pays comme la Côte d'Ivoire ne peut donc pas se soustraire à cette réalité universelle. Pour ce faire, je propose que les autorités du pays adhérent à cette exigence des temps modernes en prenant toutes les dispositions utiles pour créer l'Institut ivoirien de la Stratégie qui aura pour fonction principale d'entreprendre, voire d'élaborer toutes les stratégies possibles, dans tous les domaines, à mettre à la disposition des autorités politiques, économiques, scientifiques et technologiques et militaires, de la Côte d'Ivoire. Cet Institut, entièrement financé par les capitaux nationaux (publics et privés) devrait jouir d'un statut particulier lui permettant d'accomplir son mandat, voire ses tâches en dehors de tout contrôle des pouvoirs politiques. Il devrait être financé par les pouvoirs publics, sans pour autant être sous le contrôle politique de l'État. Ce paradoxe est nécessaire pour éviter qu'il ne soit gangrené par la corruption, les nominations fantaisistes, le népotisme et autres faits susceptibles de le dévoyer des objectifs pour lesquels il a été créé. Son statut doit être adopté par les représentants du peuple qui doivent y inscrire l'obligation faite à tout parti politique exerçant le pouvoir politique de respecter sa neutralité, de lui accorder le budget requis et de tenir compte de ses résultats dans la gestion des affaires courantes du pays. L'Institut ivoirien de la Stratégie devrait avoir en son sein des experts ou des spécialistes de tous les secteurs de la vie du pays. En d'autres termes, il devrait comporter plusieurs branches en son sein. A titre d'exemple, on peut citer les branches suivantes : politique, économique, militaire, scientifique et technologique, culturelle, culturelle et sportive, coopération régionale et africaine, coopération européenne, coopération asiatique, coopération Amérique centrale et latine, coopération Amérique du Nord, développement national, intégration nationale, compétition internationale, gestion des ressources naturelles, gestion des ressources humaines... Chacune de ces branches devrait être animée par ce que la Côte d'Ivoire dispose comme crème de ressources humaines en la matière. Les branches devraient travailler en parfaite synergie et être coordonnées par un Directeur général aux compétences reconnues.

Ainsi, l'Institut ivoirien de la Stratégie, bâti ou localisé dans un espace géographique difficilement accessible, voire à accès particulièrement contraignant, devrait permettre à la Côte d'Ivoire de cesser de naviguer à vue. En revanche, il lui permettrait de relever tous les défis des temps modernes et de s'arrimer avec succès définitivement à l'économie mondialisée.

Un partenariat public / privé pour la gestion des cités universitaires

Aujourd'hui les cités universitaires en Côte d'Ivoire, ressemblent à tout, sauf à des lieux où l'on peut étudier sérieusement, voire où l'on peut résider pour fourbir ses armes scientifiques et acquérir ses diplômes universitaires. Depuis un certain temps, ces cités n'attirent plus les étudiants. Les parents ont peur d'y envoyer leurs enfants titulaires d'un baccalauréat et pour cause ces jeunes adolescents, de 18 ans à peine, risquent d'être détournés de leurs projets rêvés par des étudiants « carriéristes » ou des « militants professionnels ». Les cités universitaires ne sont donc pas sécurisées pour y recevoir des jeunes étudiants destinés à la réussite universitaire. Elles doivent faire l'objet de profondes mutations dont l'essentiel tient à l'adoption d'une politique nouvelle de gestion. Pour cela, je propose que l'État se désengage partiellement et en confie la gestion quotidienne au secteur privé. En contrepartie, l'État devrait subventionner les étudiants bénéficiant des œuvres universitaires. Le privé serait donc le principal gérant de ces cités. De ce point de vue, il élaborerait tous les textes devant les régir. Les étudiants locataires seraient liés au privé – gestionnaire par un contrat en bonne et due forme à renouveler au début de chaque année universitaire. Les étudiants bénéficiaires devraient aussi libérer leur chambre à la fin de l'année universitaire et faire une nouvelle demande à la rentrée. La mise en œuvre d'un tel dispositif exige que les cités soient dotées de magasins appropriés permettant aux étudiants d'y garder leurs effets pendant les vacances. Ce mode de gestion aurait l'avantage de permettre le contrôle et la maîtrise des flux d'étudiants, de sécuriser les cités universitaires en leur permettant de devenir un havre de paix où l'on peut étudier convenablement et où la seule compétition entre étudiants demeurerait la course aux diplômes.

Institutionnaliser la Bourse Doctorale d'Excellence

Une des actions majeures à initier en direction de l'université réside, à mon humble avis, dans l'institutionnalisation d'une Bourse Doctorale d'Excellence. Ici, l'idée consiste à octroyer tous les ans cinq bourses d'excellence aux meilleurs étudiants titulaires d'une maîtrise dans chaque faculté. Les étudiants bénéficiaires seraient affectés dans les plus illustres universités de l'Occident et de l'Asie. Pour mener à bien une telle opération, je propose que les étudiants issus des facultés des sciences économiques et des sciences exactes (Physique, Chimie...) soient orientés vers les universités américaines ou britanniques, tandis que, ceux des facultés de droit et de sciences humaines (littérature, philosophie...) seraient dirigés vers les universités françaises ou canadiennes. Les Bourses d'Excellence devraient être budgétisées et votées chaque année dans le cadre de l'examen et de l'adoption de la loi des Finances. Elles devraient être attribuées avec une extrême rigueur et dans une transparence totale. Les critères d'attribution devraient être définis par le Conseil des Universités, en étroite collaboration avec les représentants des étudiants. Les étudiants récipiendaires auraient l'obligation de signer un contrat ou un engagement les contraignant, à la fin de leurs études, à retourner au pays afin d'y exercer leurs talents. Un tel projet revêtirait un double avantage : instaurer une saine compétition entre étudiants (ils pourraient se battre avec les armes scientifiques pour faire partie des élus) et contribuer à la pacification de la vie universitaire (la motivation due à l'obtention d'une Bourse d'Excellence amènerait les étudiants à consacrer l'essentiel de leur temps aux études plutôt qu'à autre chose). Par ailleurs, l'institutionnalisation de la Bourse d'Excellence présenterait l'intérêt de mettre à la disposition de la Côte d'Ivoire, dans l'intervalle d'une génération (en général 23 ans), des cadres hautement qualifiés aussi bien en sciences sociales qu'en sciences exactes. Elle aurait donc aussi l'avantage de susciter une émulation aux effets induits considérables dans toutes les couches de la jeunesse ivoirienne.

Promouvoir l'égalité des sexes comme un des leviers de la croissance et du développement

L'histoire de la Côte d'Ivoire enseigne que les femmes de ce pays ont joué un rôle historique inoubliable dans sa libération du joug de la colonisation. Leur grande marche sur Bassam[31] pour libérer époux et parents, retenus dans les geôles du colonisateur illustre parfaitement ce rôle mémorable de la femme ivoirienne.

Une fois la liberté retrouvée, la femme de Côte d'Ivoire ne semble pas bénéficier de toute l'attention requise pour son épanouissement. En la matière, des efforts ont été certes réalisés par les gouvernements successifs, mais ils restent encore insuffisants pour assurer le rayonnement total de la femme ivoirienne. Aux niveaux scolaires et universitaire, les jeunes filles sont encore victimes des pratiques qui obèrent leur évolution normale. Soit elles sont délaissées au profit des garçons, par les parents qui refusent de les scolariser pour des raisons d'une autre ère, soit elles sont contraintes d'arrêter de façon prématurée leur cursus scolaire et universitaire pour des raisons de grossesse, de harcèlement sexuel, de religion ou de mariage forcé. Les mesures jusque-là adoptées pour libérer la jeunesse féminine de Côte d'Ivoire restent timides, voire tièdes de sorte que, dans de nombreuses régions de ce pays, l'on refuse encore de scolariser les filles. Au niveau politique, la femme ivoirienne reste encore en marge de l'évolution du marché politique. Les hommes dominent le parlement, les gouvernements successifs, les municipalités et les conseils régionaux. Les positions clés de la vie politique de la Côte d'Ivoire demeurent jusqu'aujourd'hui l'apanage des hommes, alors qu'au niveau de la population, tous les démographes sont unanimes à reconnaître que les femmes sont plus

31 Bassam est une ville côtière située à quelques kilomètres d'Abidjan.

nombreuses que les hommes. Il est donc grand temps que l'on songe à instaurer la parité dans le traitement des Ivoiriens indépendamment de leur sexe. Ce traitement paritaire doit être transcrit dans la loi. Et cela ne sera pas une loi, ou une réglementation de trop car en Côte d'Ivoire beaucoup reste à faire. Dès lors, pour mieux encadrer l'évolution de ce pays afin qu'il ne bascule pas dans l'anarchie, le Parlement doit voter des lois, soit pour renforcer les acquis, soit pour promouvoir le développement dans les secteurs où il n'en existe pas. Ainsi des lois pour encadrer le concubinage où des milliers de femmes vivent sans aucune protection et avec des conséquences indescriptibles, et pour protéger les femmes de ménage qui sont parfois victimes des employeurs irresponsables, méritent d'être votées par le législateur ivoirien.

A la lumière de ce qui précède, les administrations successives en Côte d'Ivoire doivent veiller à promouvoir la femme ivoirienne pour lui permettre de jouer son rôle dans le développement économique et social du pays. René Dumont l'a dit : « si ta sœur va à l'école, tu mangeras ton porte-plume ». Cette pensée traduit le rôle gigantesque des femmes en milieu rural. Ainsi, pour l'auteur, si les femmes laissées dans les villages lorsque les hommes valides auront gagné les villes étaient scolarisées, l'agriculture serait abandonnée. Et si l'agriculture était abandonnée, les jeunes scolarisés n'auraient rien à manger que leur porte-plume. Le Parlement doit délibérer sur ce point en introduisant, par une loi, l'obligation de la parité homme-femme sur les listes électorales des partis politiques opérant sur le marché politique de la Côte d'Ivoire. Au chapitre de l'emploi et des rémunérations, les femmes ivoiriennes éprouvent encore des difficultés. La métaphore de R. Dumont traduit l'importance de la femme dans l'évolution de la société africaine. « Éduquer une femme, c'est éduquer toute une communauté ». Cet autre adage met en relief le rôle prépondérant de la femme dans la société humaine. La Côte d'Ivoire, dans sa quête pour une nouvelle gouvernance, doit promouvoir la femme ivoirienne, pour accroître ses chances d'être un jour au rendez-vous des nations développées.

Chapitre V :

Une diplomatie au service du développement

De nos jours, la conduite des affaires avec le reste du monde revêt une importance capitale dans la gestion d'un pays. Savoir gérer les relations extérieures constitue une véritable opportunité de croissance et de développement. C'est pourquoi tous les pays quelle que soit leur taille, quelle que soit leur situation économique, rivalisent d'ardeur pour nouer et entretenir de bonnes relations économiques et politiques avec l'ensemble représentant le reste du monde. Cette diplomatie au service du développement, la Côte d'Ivoire ne peut pas s'en passer. Dès lors, elle doit s'entourer de tous les atouts possibles pour améliorer profondément ses relations d'abord avec ses voisins, ensuite avec les pays de la région et de l'Afrique, et enfin avec les pays des autres continents. Pour ce faire, une mutation, voire une restructuration profonde, s'impose à la diplomatie actuelle de ce pays.

La diplomatie en Côte d'Ivoire doit être une diplomatie de développement. En d'autres termes, elle doit être le vecteur de l'amélioration et de la diffusion de l'image du pays à l'extérieur; elle doit être à l'avant-garde de la mobilisation des investissements directs étrangers en Côte d'Ivoire; elle doit être le support, voire la logistique privilégiée de l'insertion des Ivoiriens dans les organisations internationales; elle doit être la fenêtre de la Côte d'Ivoire ouverte sur le monde extérieur pour la valorisation de ses sites touristiques et pour la popularisation des produits culturels et artistiques du pays. Somme toute, la diplomatie ivoirienne doit substantiellement contribuer au rayonnement de la Côte d'Ivoire à travers le monde. Pour y parvenir, elle se doit de se débarrasser de toute attitude apathique pour se mesurer aux diplomaties les plus érudites. Par conséquent, elle doit être dotée de moyens humains et financiers conséquents.

Les actions à entreprendre au plan national

Il est connu de tous que la diplomatie implique des relations symétriques entre les pays. Cette réciprocité relationnelle doit être observée dans l'évolution de ses éléments constitutifs, et entretenue dans le temps. Les objectifs à assigner à la diplomatie ivoirienne, tels qu'ils sont définis plus haut, imposent qu'au plan intérieur, des dispositions courageuses soient prises pour que l'image vendue à l'extérieur soit conforme à la réalité du terrain. A cet égard, je propose les éléments suivants :

i) La construction d'un ministère des Affaires étrangères digne de ce nom. Les locaux actuels ne permettent pas d'atteindre les objectifs déjà évoqués;
ii) La construction à Yamoussoukro[32], à Abidjan ou ailleurs dans le pays d'un centre des conférences intégrant toutes les exigences des temps modernes;
iii) La restructuration de l'industrie hôtelière dans toutes ses composantes (hôtels, transports, environnement, restauration, …)
iv) La construction d'une cité des diplomates étrangers pour assurer leur sécurité et leur offrir un cadre de vie agréable.

Par ailleurs, je propose qu'un système de vérification soit mis en place pour les résidents (les étrangers ayant séjourné en Côte d'Ivoire pendant plus d'un an) devant quitter définitivement le pays. Ce système se fonderait principalement sur la délivrance à ceux-ci d'un certificat de sortie fournie par le ministère des Affaires étrangères. La délivrance de ce certificat serait subordonnée à la présentation des documents suivants :

32 Yamoussoukro est la capitale politique de la Côte d'Ivoire.

i) une quittance d'hébergement (attestant qu'ils ont payé tous leurs loyers)
ii) une quittance de la compagnie d'électricité (prouvant qu'ils ont payé toutes leurs factures)
iii) une quittance de la SODECI (prouvant qu'ils ont payé toutes leurs factures d'eau)
iv) une quittance de Côte d'Ivoire Telecom (attestant qu'ils sont en règle)
v) une quittance bancaire, s'ils ont ouvert un compte bancaire, (attestant qu'ils ne laissent pas derrière eux un déficit bancaire).

C'est au vu de tous ces documents qu'un service du ministère des Affaires étrangères (mis en place à cette fin) délivrerait le certificat de sortie du territoire de la Côte d'Ivoire. L'intérêt d'une telle disposition réside dans ce qu'elle permettrait d'appréhender les individus qui tenteraient de sortir du pays soit en y laissant une ardoise salée, soit en n'ayant pas honoré leurs engagements auprès d'honnêtes citoyens.

Des ressources humaines compétentes à la diplomatie ivoirienne

Je propose que l'on revoie le système de formation des diplomates ivoiriens et que, au sein de l'École Nationale d'Administration (ENA), une filière spéciale chargée de leur formation soit créée. Cette filière devrait être dotée en amont d'une année préparatoire visant à assurer la mise à niveau des élèves admis à suivre la formation dans la filière des diplomates. L'année préparatoire serait fondamentale du fait que les élèves de l'ENA proviennent le plus souvent de facultés différentes où certaines matières de la filière des diplomates ont été sommairement enseignées. L'année de mise à niveau pourrait donc permettre un enseignement approfondi de ces matières. Ensuite, la filière spéciale dont le contenu (à la fois théorique et pratique) devrait être de haut niveau doit aboutir à la délivrance d'un diplôme équivalent au doctorat 3e cycle. Dès lors, elle doit porter sur une période de 3 ans. L'intérêt d'une formation de haut niveau est multiple.

i) elle confère confiance, aisance et assurance aux diplomates dans l'exercice de leurs fonctions,
ii) elle leur permet d'appréhender profondément les concepts de base des sciences retenues pour leur formation,
iii) elle leur permet d'exorciser tout complexe d'infériorité intellectuelle à l'égard de leurs interlocuteurs,
iv) elle leur confère des aptitudes pouvant leur permettre de se remettre en cause en permanence, de pouvoir s'accommoder aux contraintes de l'évolution du monde moderne,
v) finalement, la délivrance d'un diplôme équivaudrait au doctorat de 3e cycle offrirait la possibilité aux diplomates, qui le désirent, de s'inscrire dans un programme de doctorat sans subir les exigences universitaires.

Il est clair que si la diplomatie ivoirienne veut être une diplomatie de développement, l'on doit doter les missions ivoiriennes à l'étranger des moyens financiers à la mesure des objectifs qui leur sont assignés. Car la chancellerie, les résidences des ambassadeurs et de leurs collaborateurs constituent la vitrine de la Côte d'Ivoire à l'étranger. Un touriste ou un investisseur potentiel peut reconsidérer sa décision de visiter la Côte d'Ivoire ou d'y investir à la suite d'une visite de la chancellerie ou d'une mauvaise perception due à l'état de pauvreté des résidences des ambassadeurs et de leurs collaborateurs.

A. Restructurer les missions diplomatiques ivoiriennes

Elles doivent être revues et corrigées. Ici, je pars de l'idée que les missions diplomatiques n'ont pas la même importance, en termes de volume d'activités et de dotation en ressources humaines, qu'elles soient à caractère bilatéral ou multilatéral. Ainsi, l'on peut noter une différence entre les missions de New York, de Bruxelles, de Genève, d'Addis-Abeba, de Conakry, d'Accra,... La composition du personnel de ces différentes missions doit être fonction du volume des activités qu'elles ont à mener à bien, du poids des villes (en termes de représentation de la communauté internationale) où elles sont localisées sur l'échiquier international et du poids économique des pays auprès desquels elles sont accréditées. En outre, chaque mission diplomatique doit comporter un représentant des secteurs d'activité que l'on veut promouvoir en Côte d'Ivoire. Particulièrement, il peut être question de tourisme, de culture et d'économie.

Doter le pays d'une politique de coopération efficace et dynamique

S'agissant de la coopération avec les autres régions du monde, je propose que la Côte d'Ivoire adopte une approche plus pragmatique qui s'éloigne d'une politique de coopération tous azimuts insuffisamment pensée. L'Institut Ivoirien de Stratégie que je propose de créer (voir plus haut) aidera certainement à en déterminer les contours.

Il est extrêmement important que la Côte d'Ivoire se dote d'un Ministère de la Coopération digne de ce nom. Ici, je propose que la politique de coopération avec les pays voisins et les autres pays africains soit profondément reformulée. A mon humble avis, la coopération, *lato sensu*, doit impliquer un investissement varié, si c'est possible, dans les pays voisins, suivi d'un transfert de savoir-faire ou d'expertise. L'on doit à cet effet, encourager et soutenir le Bureau National d'Etude Technique et de Développement (BENETD) à diversifier ses produits novateurs et à promouvoir son expertise dans la sous-région et dans l'Afrique tout entière. L'investissement dans les pays africains, suppose donc que le Ministère de la Coopération soit doté d'un budget important qui lui serait accordé, bon an mal an ce qui serait de nature à lui permettre de servir de vecteur au rayonnement de la Côte d'Ivoire, et de contribuer indubitablement à asseoir son poids politique et économique dans la sous-région et en Afrique. Ici, le modèle de la coopération française en Afrique et dans le monde peut être regardé comme une source d'inspiration.

Maîtriser l'immigration en facilitant l'insertion des étrangers

Notre pays, de par sa situation géographique et ses potentialités économiques, est extrêmement attractif dans les espaces Union Economique et Monétaire Ouest-Africaine (UEMOA) et Communauté Economique des Etats de l'Afrique de l'Ouest (CEDEAO). Mais, en raison de ses caractéristiques de pays d'accueil, de fraternité, de générosité et d'hospitalité, la Côte d'Ivoire ne peut pas et ne doit pas rapatrier tous ceux, Africains ou non, qui désirent y résider. Cependant, pour éviter que les flux migratoires, particulièrement l'immigration, n'y produisent des effets indésirables, il s'avère extrêmement urgent de mettre en place des politiques permettant de contrôler ces phénomènes. Pour moi, donc, une politique de l'immigration réussie, est une politique qui, non seulement, permet d'identifier tous les étrangers résidents, mais encore qui ouvre à ceux-ci des fenêtres pour une intégration durable et irréversible dans la communauté ivoirienne.

L'espace CEDEAO offre un modèle de libre circulation des personnes, des biens, des services et des capitaux en

Afrique. La libre circulation des personnes, assortie en droit de résidence et d'établissement, constitue un des meilleurs acquis en Afrique de l'Ouest, en matière d'intégration régionale. Ce succès relatif fait la fierté des citoyens de l'Afrique de l'Ouest qui peuvent se déplacer d'un pays à l'autre munis seulement d'une pièce d'identité nationale. Toutefois, pour éviter que cette politique de migration sans contrainte ne produise des effets indésirables, celle-ci doit être assortie de mesures d'accompagnement dans les pays les plus attractifs comme la Côte d'Ivoire. Si l'on refusait de prendre ces mesures, l'on assisterait indubitablement à la disparition programmée de la poule aux œufs d'or. Car il est scientifiquement reconnu, dans le temps et dans l'espace, que lorsque le taux de l'immigration franchit un seuil donné, cela produit ou suscite dans les zones d'accueil des réflexes de rejet, voire d'exclusion. Partout où ce seuil a été approché, l'étranger a été désigné comme le bouc émissaire de tous les maux, de toutes les difficultés survenus dans ces lieux. Et souvent l'attitude des autochtones n'a pas été comprise à telle enseigne qu'ils ont été traités de xénophobes et même de racistes. Pour donc, éviter ces réactions négatives de nature à porter un préjudice au processus d'intégration régionale et continentale, je propose que les pays connaissant un taux d'immigration proche du seuil tolérable, bénéficient de compensations financières à travers les mécanismes de financement communautaires. Ainsi, ces pays pourront soit bénéficier d'une réduction de leur contribution aux budgets de la communauté soit voir leur part du partage des bénéfices augmenter, soit alimenter leurs budgets nationaux par une part non négligeable des taxes extérieures supposées être versées dans les caisses communautaires. Ces avantages financiers et fiscaux aideront les pays concernés à développer les infrastructures sociales (écoles, centres de santé...) qui atteignent facilement la saturation du fait, en partie, des flux migratoires.

Aujourd'hui, je reste convaincu que la problématique de l'immigration ne peut trouver une thérapie efficace et durable qu'à l'échelle régionale ou continentale. L'issue n'est donc pas nationale ; elle est plutôt régionale ou continentale. La Côte d'Ivoire ne peut donc à elle seule trouver une solution à l'immigration qu'elle connaît depuis la nuit des temps sans recourir à la coopération des autres pays de l'UEMOA ou de la CEDEAO. Dans son élan pour mettre en place des mécanismes facilitant la vie des non-Ivoiriens, la Côte d'Ivoire doit exiger d'eux le respect de ses lois. Car si elle a l'obligation de leur accorder des droits pour leur épanouissement sur son sol, ceux-ci ont le devoir, voire même l'obligation de se soumettre aux textes fondateurs de la Nation ivoirienne ainsi qu'à toutes les lois régissant sa vie quotidienne. En l'absence d'une telle contrainte, l'afflux massif d'étrangers risque de briser l'équilibre social et politique, souvent établi dans des conditions extrêmement difficiles.

Ainsi, au lieu de pratiquer la politique de l'autruche en matière d'immigration, je propose que cette question soit traitée dès maintenant, avec courage et détermination. Comme contribution au traitement de cette délicate problématique, je propose la création de l'Agence Ivoirienne de la Migration et de l'Insertion des étrangers. Cette agence aurait un double rôle : identifier ou recenser les étrangers et les aider (pour ceux qui en expriment le desir) à s'intégrer dans la société ivoirienne. Cette agence aurait des antennes dans toutes les grandes agglomérations, voire dans toutes les régions du pays et sera dotée des moyens financiers et humains lui permettant de s'acquitter de son mandat avec efficacité.

Ne pas ériger l'étranger en bouc émissaire des difficultés du pays

Comme le dit l'adage « On ne vient pas tous du même endroit, mais on doit tous aller dans le même sens ». La Côte d'Ivoire, comme la quasi-totalité des pays africains, a été une victime de l'esclavage (qui a duré pendant trois siècles) et de la colonisation (qui a duré environ un siècle). Elle n'échappe donc pas aux effets pervers de ces deux pratiques que certains assimilent à un crime contre l'humanité, voire à un génocide perpétré en Afrique. Mais depuis beaucoup d'eau a coulé sous les ponts et l'on a tendance à jeter aux oubliettes ces événements sociaux dont les séquelles sont encore visibles. Sous d'autres cieux, particulièrement en Asie et en Amérique latine, des peuples qui ont été victimes de la colonisation enregistrent des progrès notables en matière de croissance et de développement. Sur ces deux fronts, ils rivalisent, à armes égales, avec les pays dits développés. Au niveau de certaines sphères du développement, ces pays sont même plus performants que les pays développés. Cette performance peut signifier que les ex-colonies d'Asie et d'Amérique latine ont su maîtriser les effets pervers de la colonisation pour être aujourd'hui au rendez-vous des nations qui cogèrent les affaires planétaires. A l'instar donc de ces pays qui constituent aujourd'hui un modèle pour les pays en voie de développement, la Côte d'Ivoire doit intégrer le fait colonial comme une donnée dans sa stratégie de développement. Car si la colonisation n'a pas été un handicap pour les pays d'Asie et d'Amérique latine, elle ne doit pas en être un pour la Côte -d'Ivoire. L'art, ici, consiste à apprivoiser ce fait colonial, à le considérer comme une donnée dans les politiques ou la stratégie de développement. Un des faits coloniaux encore perceptibles en Côte d'Ivoire demeure la base militaire française à Port-Bouet. Celle-ci constitue-t-elle un obstacle au développement de ce pays ? Je suis enclin à dire non et pour cause. Après la Deuxième Guerre mondiale, l'Allemagne, pays locomotive de la construction de l'Union européenne connaît sur son sol les bases militaires française et américaine. Ces bases n'ont pas empêché ce grand pays d'avoir l'économie la plus puissante d'Europe et d'être incontournable dans le processus de l'intégration européenne. Il en est de même du Japon, deuxième économie mondiale après les Etats-Unis, qui abrite une base militaire américaine. Ces deux exemples (la liste peut être allongée) indiquent clairement qu'une présence militaire, ne doit pas être perçue comme un obstacle pour réaliser des progrès sur le chemin de la croissance et du développement. L'avènement de la mondialisation et le remodelage du monde en zones militaires stratégiques rend même caduque une telle présomption.

La leçon à enseigner ici, est que la Côte d'Ivoire doit s'émanciper de la colonisation française. Ainsi, les slogans comme « C'est les Français » « C'est toujours les Français », « Mort aux Français », « A bas la France et les Français », « Mort aux étrangers » … ne doivent pas avoir droit de cité en Côte d'Ivoire. *A contrario*, ce pays doit demeurer un pays d'accueil pour tous ceux, y compris les Français, qui veulent y vivre, s'y établir et y faire des affaires. En matière de développement, l'histoire des faits économiques enseigne que l'étranger a un rôle prépondérant à jouer par l'entremise des capitaux, du transfert de la technologie, du partage du *know-how* et des marchés potentiels pour les exportations. L'afflux des étrangers dans un pays constitue un gisement de richesses pour ce pays. C'est le signe qu'il va bien, que certains peuvent y résider et que d'autres peuvent s'y épanouir et y passer toute leur vie. Mais le véritable défi consiste à mettre en place des mécanismes permettant de mieux encadrer cette immigration de sorte qu'elle ne constitue pas une source de problèmes dans le pays d'accueil et surtout qu'elle n'aboutisse pas à l'émergence de relations conflictuelles avec les populations autochtones. La France a, certes, colonisé la Côte d'Ivoire, mais elle n'est pas responsable de tous les maux, voire de toute la misère de ce pays. La France n'a pas été à l'origine ni des déchets toxiques à Abidjan et dans ses banlieues, ni de la mauvaise gestion de la filière café-cacao qui a plongé les paysans ivoiriens dans une misère noire, ni de la mal-gouvernance économique que connaît ce pays. Cette tendance à la-mal gouvernance a été encore une fois, partiellement illustrée par les faits de corruption, de malversations en tout genre, et de népotisme..., dont les médias nationaux ont largement fait écho dans les mois de juin et juillet 2010. Il s'agit principalement de l'enquête sur l'école de police, l'école Nationale d'administration (ENA) , de l'indemnisation de Trafigura, consécutivement aux déchets toxiques déversés dans certains quartiers d'Abidjan, et de la commission que la SAGEM-Sécurité (une Société Française) aurait payée pour acquérir le marché de l' identification des ivoiriens, même si les mis en cause ont été disculpés. Ici, j'invite donc les Ivoiriens à ne pas indexer l'étranger comme responsable de leur pauvreté et de leur misère.

Aussi sont-ils invités à ne pas désigner la colonisation comme la seule responsable du sous-développement de la Côte d'Ivoire. Ce pays n'a pas été le seul à connaître le fait colonial et son cortège de conséquences. Il n'est pas non plus le seul à avoir sur son sol des étrangers. Le vrai défi, voire la vraie bataille se situe au niveau de la gouvernance économique et politique de ce pays. Si ces deux leviers de la gouvernance sont bien maîtrisés, bien gérés et bien articulés, la marge de manœuvre dont disposent les autorités du pays peut permettre à la Côte d'Ivoire de faire des bons qualitatifs importants sur le parcours de son dévéloppement lato sensu. Cette marge de manœuvre a été utilisée à bon escient par le Père fondateur de la Côte d'Ivoire moderne dont les réalisations continuent de faire la fierté des Ivoiriens et les rendent parfois nostalgiques.L'intelligence politique qui consiste à mieux maîtriser les contraintes endogènes et exogènes au développement, consistant, entre autres, à mieux se servir de la marge de manœuvre qu'offrent ces contraintes, doit habiter toutes les administrations qui auront à se succéder à la tête de la Côte d'Ivoire. Car, à mon humble avis, ce pays ne peut pas seul être à l'avant-garde de la lutte contre l'impérialisme ou le néocolonialisme. Une telle lutte, pour être couronnée de succès, mérite d'être engagée par toute l'Afrique en tant que pays-continent, ou en tant que continent uni et solidaire. Et si la Côte d'Ivoire acceptait de mener seule cette lutte, elle courrait le risque de sacrifier son développement dans une aventure sans issue. Donc, en attendant que l'Afrique mène collectivement et solidairement la lutte contre le néocolonialisme ou contre l'impérialisme sous toutes ses formes, les dirigeants de la Côte d'Ivoire doivent faire montre d'une intelligence politique pour faire un bon usage de la manœuvre dont ils disposent pour tirer le pays vers l'avant. Une politique contraire serait suicidaire et contre-productive.

Parallèlement à la mise en place d'une politique volontariste de maîtrise de l'immigration, la Côte d'Ivoire doit chercher à faire un bon usage de sa diaspora. Car la diaspora, dans sa diversité, peut contribuer au développement socio-économique d'un pays donné. Ainsi, elle peut être pourvoyeuse de fonds, tout comme elle peut constituer une source inépuisable d'expertise au service du développement économique et social du pays. Dès lors, la diaspora ivoirienne mérite d'être identifiée, encadrée, organisée et orientée. Le Bureau Ivoirien de la Diaspora (BIDIASPO), que je propose de créer à cette fin, en fera sa fonction principale et contribuera indubitablement au rayonnement de la Côte d'Ivoire dans le monde.

CONCLUSION

Cet ouvrage tente de mettre en relief un ensemble de projets qui se situent dans les secteurs variés de la vie économique et sociale de la Côte d'Ivoire. Les idées exprimées ici restent perfectibles tant dans la forme que dans le fond. Des groupes de travail peuvent être constitués, au niveau national ou régional, pour y réfléchir davantage afin de trouver les voies et les moyens de leur concrétisation sur le terrain. Toutefois, je tiens à souligner que le rôle moteur dans la mise en œuvre de ces projets échoit à l'ÉTAT de Côte d'Ivoire. En l'état actuel du niveau de développement de ce pays, il est irrationnel de confiner les pouvoirs publics dans le rôle marginal d'observateur de l'activité économique et sociale. Et donc l'État de Côte d'Ivoire doit, pour longtemps encore, être initiateur, promoteur et acteur dans le processus du développement économique et social du pays. La thérapie proposée par les extrémistes du libéralisme (les ultra-libéraux) est à examiner avec une extrême circonspection. Le rôle prépondérant accordé à l'État n'est pas synonyme d'une économie non libérale. La mise en œuvre de la plupart de ces projets va, à n'en point douter, susciter une levée de boucliers de certains pays africains qui verront en eux la mise en œuvre d'une politique protectionniste, de repli sur soi, et surtout d'exclusion de leurs ressortissants. L'Etat de Côte d'Ivoire doit résister à une telle éventuelle campagne pour concrétiser ces projets dont les effets attendus sont indubitablement salvateurs pour les populations ivoiriennes. Car « le voyage de mille lieues a commencé par un pas », comme le souligne si bien un proverbe chinois.

« La Côte d'Ivoire un pays béni de Dieu » ne cessait de répéter feu F. H. Boigny. Cette assertion constituait le leitmotiv de la plupart de ses adresses à la Nation. Une tentative d'interprétation de cette phrase assertive laisse entrevoir qu'il voulait mettre en relief l'immensité des potentialités de développement de tout acabit dont jouit la Côte d'Ivoire. Mais à quoi serviraient ces potentialités si le pays ne connaissait pas une bonne gouvernance économique et politique ? Répondant à ce questionnement, j'ose croire que, pour que ces richesses abondantes servent à améliorer profondément le niveau de vie des Ivoiriens, la gouvernance de ce pays doit se nourrir des vertus de la bonne gouvernance. Les administrations successives doivent non seulement s'imprégner de ces vertus et en faire les éléments clés de leur code de conduite, mais encore, elles doivent se doter d'une véritable vision considérée comme la boussole voire le tableau de bord de leurs actions quotidiennes. Là où il n'y a pas de vision, les peuples meurent, nous enseigne la Bible. Dès lors, un dirigeant sans vision conduit son pays, son peuple dans une aventure sans issue, voire même dans une impasse. La mise en œuvre des suggestions contenues dans ce livre exige qu'en Côte d'Ivoire l'on mette fin à la gestion au jour le jour non arrimée à une vision claire susceptible d'amener le pays à franchir des étapes décisives sur le chemin de son développement. Une vision clairement définie et appropriée par les populations doit être traduite dans les faits avec une intime conviction. Le pouvoir politique doit y veiller et dégager tous les moyens visant à concrétiser les projets que véhicule ladite vision.

Gouverner autrement la Côte d'Ivoire, c'est placer à sa tête des Ivoiriens compétents, dotés d'une bonne moralité, pétris d'un amour profond pour leur pays, guidés par l'esprit de paix et d'unité nationale, et dotés d'une vision claire, consensuelle, porteuse d'espoir et d'avenir pour la population dans toutes ses composantes. La bonne gouvernance c'est aussi l'affaire de tous les citoyens. Elle ne doit pas être l'apanage des seuls gouvernants. Chaque citoyen ivoirien quelle que soit sa fonction, élève, étudiant, fonctionnaire, travailleurs du privé, « corps habillé », ministre, maires, politicien,… doit s'entourer de tous les atouts nécessaires pour l'exercer dans le strict respect des vertus, voire des normes de la bonne gouvernance. La bonne gouvernance nationale, c'est la somme des bonnes gouvernances individuelles. La Côte d'Ivoire, c'est le patrimoine indivis de tous les Ivoiriens. Veillons, de par nos actions individuelles, à ne pas compromettre son avenir.

REFERENCES BIBLIOGRAPHIQUES

- Aoki M. (1996): « Towards a comparative institutional analysis: Motivations and some tentative theorizing. » The Japanese Economic Review, vol.47 (1) pp1-19.
- Aoki M. (2001) : Information, Corporate Governance, and Institutional Diversity: competitiveness in Japan, the USA, and the Transitional Economies. Oxford and New- York: Oxford University Press.
- Banque Mondiale (2003): Better Governance for Development in Middle East and North Africa, Washington.DC; the World Bank.
- Beitone A, Cazorla.A, Dollo.C A.M. Drai (2007): Dictionnaire des Sciences Economiques, ed. Armand Colin, 2e édition, Paris
- Boyer L. & Marchesnay M. (2003) : La Stratégie en Citations, ed. d'organisation
- Charreaux G. (1997) : Le gouvernement des entreprises. Théories et fait. Economica, Paris
- Charreaux G. (2006) : « Les théories de la gouvernance : de la gouvernance des entreprises à la gouvernance des systèmes nationaux ». In Traite et pratiques à travers le monde. NACIRI.A (ed.), pp57-113. Laval : les Presses de l'Université Laval
- Kaufman D, Kraay A, et Mastruzzi M. (2003): Governance Matters II: Governance indicators for 1996-2002. World Bank Policy Research Working Paper no 2772. The World Bank.
- Kouassi N.R. (1995) : « Structure de Marché et Performance industrielle, le cas de l'agro-industrie ivoirienne », thèse de Doctorat en Economie, Université de Versailles Saint-Quentin-en Yvelines, Octobre.
- Kouassi N.R. (2008) : « Les chemins du développement de l'Afrique », ed. L'Harmattan, Paris.

- Kouassi N.R. (2008) « Ma contribution à la recherche des solutions aux problèmes socio-économiques et politiques de la Côte d'Ivoire », *document de réflexion.* Ce document a été mis à la disposition des partis politiques ivoiriens, en mai 2008.
- Krugman.P (2009) : Pourquoi les crises reviennent toujours, nouvelle édition mise à jour, Seuil, Paris.
- Labaronne D., Fahmi Ben-Abdelkader (2008): Transition institutionnelle des pays Méditerranéens et des pays d'Europe de l'Est. Analyse comparative de l'évolution de leurs systèmes gouvernance". In Revue d' Economie Politique, REP 118 (5) Sept-octobre. pp.773-776.
- Morvan Y. (1991), Fondements d'Economie Industrielle, Ed. Economica, 2e édition, Paris
- Stiglitz J.E. (2006) : Un autre monde, ed. Fayard, Paris.
- Stiglitz J.E. (2003) : Quand le capitalisme perd la tête, Fayard, Paris.
- Stiglitz J.E. (2002) : La Grande Désillusion, ed. Fayard, Paris.

TABLE DES MATIERES

510018 - Novembre 2012
Achevé d'imprimer par

1livre.com